AF876758

Verwaltung

und

Verwaltungsgerichtsbarkeit

Kritische Studie

von

Dr. H. Rottmann

1931

München, Berlin und Leipzig

J. Schweitzer Verlag (Arthur Sellier)

Druck von Dr. F. P. Datterer & Cie., Freising-München

Dem Andenken
unseres lieben Sepp
gewidmet.

„Öffentliches Recht voraus."
Goerres-Berlin.

Vorwort.

Noch vor kurzem Ministerialrat im Staatsministerium des Innern, hatte ich den Teil I der folgenden kritischen Betrachtungen im wesentlichen bereits September 1929 druckfertig vorliegen. Der Veröffentlichung traten latente Hemmungen entgegen. Nun ist der Weg frei. Teil I wurde ergänzt und in seinen Meinungen auf unabhängigen Boden gestellt. Die Ereignisse des verflossenen Jahres forderten ferner eine Ergänzung durch Anschließung des Teils II und III. Das *Πάντα ῥεῖ* gilt auch hier. Teil I befaßt sich mit der Denkschrift des früheren sächsischen Innenministers Apelt, erstattet Juni 1929 zur Länderkonferenz über „Angleichung von Organisation und Verfahren in der Verwaltung von Reich und Ländern" und gewinnt so die Möglichkeit, zu dem grundlegenden Problem über die Grenzscheidung zwischen Verwaltung und Verwaltungsgerichtsbarkeit Stellung zu nehmen. Teil II enthält kritische Randglossen zum Entwurf des Gesetzes über ein Reichsverwaltungsgericht (Reichsratsdrucksache Nr. 155, Tagung 1930, im folgenden als Reichsentwurf bezeichnet). Teil III zieht praktische Schlußfolgerungen aus den in Teil I gewonnenen Grundsätzen auf das Verfahren und die Organisation der Verwaltungsbehörden und Verwaltungsgerichte und bringt im Anhange zur besseren Überprüfung zugleich Beispiele aus dem bayerischen Rechte. Mögen die Erörterungen zur Klärung der überaus wichtigen Probleme beitragen, Probleme, die zum Teil an die Wurzel der Verwaltungsgerichtsbarkeit greifen. Die Probleme interessieren wegen ihrer Bedeutung die gesamte Wissenschaft und Praxis und sollten in ganz Deutschland allmählich einheitlich gelöst werden. Nur durch ihre Erörterung in breitester Öffentlichkeit werden solche Probleme einer gedeihlichen Lösung durch den Gesetzgeber entgegengeführt.

München, November 1930.

Dr. H. Rottmann, Rat am bayer. Verwaltungsgerichtshofe.

Inhaltsübersicht.

I.[1])

Seite

Kritische Bemerkungen zu dem Entwurf des früheren sächsischen Staatsministers Professor Dr. Apelt für die Länderkonferenz vom Juni 1929.

[1]) Die Einteilung des Abschn. I folgt der Einteilung des Referates Apelt S. 20—40.

I.

Kritische Bemerkungen zu dem vom früheren sächs. Innenminister Prof. Dr. Apelt erstatteten Referate für die Länderkonferenz über „Angleichung von Organisation und Verfahren in der Verwaltung von Reich und Ländern."

Einleitung.

Das Referat ist unzweifelhaft eine hochbedeutsame, verdienst- und wertvolle Arbeit; verdienst- und wertvoll schon wegen der Benützung amtlichen Materials und der übersichtlichen Darstellung des derzeitigen Rechtszustandes in den Ländern Deutschlands, hochbedeutsam aber auch wegen der zur Länderkonferenz gemachten Reformvorschläge. Das Referat hält für den geeignetsten Weg zur Durchführung seiner Vorschläge, sie der gemeinsamen Beratung der Länder unter Führung des Reichs zu unterstellen. Hierbei soll die Möglichkeit und Bereitwilligkeit der Beteiligten, ein einheitliches Rechtsschutzsystem des öffentlichen Rechts durchzuführen, grundsätzlich geklärt und nötigenfalls auf der Grundlage einer Einigung ein entsprechender Gesetzentwurf aufgestellt werden, der dann von den Ländern übereinstimmend der weiteren Regelung zugrunde zu legen wäre. „Sollte dieser Weg nicht zum Ziele führen, so wird allerdings früher oder später zwangsläufig die Reichsgesetzgebung das Problem lösen müssen", da der derzeitige Rechtszustand für das Staatswesen destruktiv wirke und für die Dauer weder für das Reich noch auch für die Länder erträglich sei (39).

Bei der folgenden kritischen Beurteilung des Referats soll dessen Einteilung zugrundegelegt werden. Das Referat hat in seiner Einleitung (20) und am Schlusse (39) in erster Linie die Vereinheitlichung des Rechtsschutzverfahrens (im Sinne des Rechtsmittelzuges —5—) im Auge, wobei die Auswirkung der Vorschläge zugleich auf die Behördenorganisation erkannt und herausgestellt wird (32, 38, 39). Auch die für Reformvorschläge gebotene gewisse Zurückhaltung beachtet das Referat selbst in erster Linie gegenüber der eigentlichen Verwaltung, indem der gesamte Aufbau der Verwaltungsbehörden, ihre organisatorische Ausgestaltung und die Zuständigkeit der Verwaltungsbehörden ohne große Bedenken der Regelung in den einzelnen Ländern überlassen bleiben müßten (20, 33).

Anders sei es auf dem Gebiete des Rechtsschutzes. Hier sollten sich Reich und Länder über ein einheitliches Schema einigen, das dem Verfahren aller Länder und der Reichsverwaltung übereinstimmend zugrundegelegt werden könne. Zu dem Zwecke behandelt Apelt zunächst einige sog. „Vorfragen" und zwar unter

Ziff. 1. Allgemeines

die Gründe, die die Forderung nach einem einheitlichen Rechtsschutzsystem veranlaßten. Für das gesamte Volk, wie für den Einzelnen bestehe ein dringendes Bedürfnis nach einheitlichem Rechtsschutze. Die Verschiedenheit des Rechtsschutzes in den einzelnen deutschen Ländern auf gleichen Gebieten widerspreche dem Grundsatze des Art. 109 RV. Das Recht jedes Staatswesens sei und bleibe ein einheitliches Ganzes. Die Verwaltungsrechtspflege könne nur auf gemeinsamem Rechtsboden stehen, auf dem die allgemeinen Rechtsgedanken von den Verwaltungsgerichten erkannt und herausgearbeitet werden müssen. Dem widerspreche namentlich auch die große Unzahl unabhängiger, nebeneinander bestehender Unter- und Obergerichte auf den einzelnen Verwaltungsgebieten, die in bunter Fülle vorhandenen Sondergerichte und Spruchstellen, wie z. B. die Spruchausschüsse der Oberversicherungsämter, der Finanzgerichte, der Versorgungsgerichte, der Spruchkammern, der Landesarbeitsämter usw.

Die bunte Mannigfaltigkeit auf dem Gebiete des Rechtsschutzes, die Systemlosigkeit der heutigen Rechtsentwicklung in Deutschland, wie sie auf Grund amtlichen Materials im Referate dargestellt ist, besteht tatsächlich und kann nicht geleugnet werden. Auch kann nicht bestritten werden, daß diese Vielgestaltigkeit des Rechtsschutzes bei der häufig ausgenützten großen Freizügigkeit der Einzelnen, bei der großen gegenseitigen Durchdringung und Überschneidung wirtschaftlicher Interessen und Beziehungen, namentlich durch Unternehmungen, die an Landesgrenzen nicht Halt machen, in vielen Fällen eine Belastung der Beteiligten bedeutet, den Verkehr mit den Behörden und somit den Rechtsschutz erschwert, beeinträchtigt und bei seiner verschiedenen Gestaltung in den einzelnen Ländern auch teilweise verkümmert, somit im gewissen Widerspruch steht mit dem Grundgedanken des Art. 109 RV.[1]) Sicher ist auch, daß die Rechtsprechung der obersten Verwaltungsgerichtshöfe der deutschen Länder schon in Ermanglung eines einheitlichen Rechtsbodens, eines einheitlichen Verwaltungsprozeßrechtes mit seinen auch für das materielle Recht bedeutsamen Grundlagen z. B. des Rechtes auf Nachprüfung von Ermessensfragen von der Wissenschaft und Verwaltungsübung (Praxis) in den einzelnen Ländern nicht so ausgewertet werden kann, wie es wünschenswert wäre. Richtig ist auch der Hinweis Apelt's auf die Gefahr für die Länder, daß bei Ermangelung übereinstimmenden Rechtsschutzes die Verwaltung durch Vorschriften des Reichs störend durchbrochen werde. „Systematische Angleichung wirkt auch am besten den Bestrebungen nach weiterer Aushöhlung der Länder entgegen."

Das den Ländern und dem Reiche vom Referate vorgesteckte Ziel, durch Verhandlungen das Rechtsschutzsystem möglichst einheitlich zu gestalten und wenigstens in den grundlegendsten Begriffen sich anzunähern, muß daher als an sich anzustrebendes „Ideal" anerkannt werden. Es muß allmählich die wünschenswerte „Basis eines, das gesamte deutsche Rechtsgebiet umfassenden einheitlichen positiven Rechts" gewonnen werden. (Elbe, „Die Verwaltungsgerichtsbarkeit nach den Gesetzen der deutschen Länder".) Diese Beratungen hätten nur dann Aussicht auf ein praktisches Ergebnis und entgingen

---

[1]) Ich verweise hier auch auf die vielfachen Widersprüche in der Auslegung der Reichsgesetze, die durch die Rechtsprechung der obersten Länderverwaltungsgerichte eher vertieft, als beseitigt werden. Auch begreift es der Einzelne nicht, daß er im Vollzuge einheitlicher Reichsgesetze oder bei Unternehmungen, auf die verschiedenes Landesrecht materieller und verfahrensrechtlicher Natur angewendet wird, im bayer. Neu-Ulm oder Ludwigshafen anders behandelt wird als im württ. Ulm oder bad. Mannheim, obwohl der Zeiger der Geschichte bereits längst an 1871 und 1918 vorübergeeilt ist.

der Gefahr, zu Debattierklubs herabzusinken, nur, wenn ihnen schon ausgearbeitete Gesetzentwürfe zugrund gelegt würden. In den meisten Fällen dürfte der unmittelbare Weg der Reichsgesetzgebung einfacher und rascher zum Ziele führen. Voraussetzung ist allerdings, daß hier der Reichsgesetzgeber loyal verfährt und nicht auf dem Wege der Vereinheitlichung des Rechtes die Länder verreichlicht. Vernünftiger Ausgleich nach beiden Seiten! Gebt dem Reiche, was des Reiches, aber auch dem Lande, was des Landes ist. (hier S. 52/53).

Was bedeutet Verwaltungsgerichtsbarkeit?

Vor allem wird es notwendig sein, die „Verwaltungsgerichtsbarkeit“, auf die das Referat sich hauptsächlich abstellt, begrifflich festzulegen und zu umgrenzen. In dieser Hinsicht scheint mir das Referat etwas im Stich zu lassen. Immerhin läßt sich zwischen den Zeilen (22, 33, 37) herauslesen, was sich der Verfasser hierunter gedacht hat.

Es wäre ein ergebnisloser Versuch, aus der positiven Gesetzgebung der deutschen Staaten diese Begriffe zu entwickeln oder von den Ergebnissen der Wissenschaft einen unbestrittenen Begriff zu holen.[2]) Auch hier besteht keinesfalls die Hoffnung oder Kühnheit, einen wissenschaftlich allgemein annehmbaren Begriff der Verwaltungsgerichtsbarkeit zu bieten. Es soll nur dargestellt werden, welcher Begriff der Verwaltungsgerichtsbarkeit, namentlich in ihrer Abgrenzung gegenüber der Verwaltung den folgenden Darlegungen unterstellt wird. In den deutschen Staaten fallen unter den Begriff Verwaltungsgerichtsbarkeit alle möglichen Einrichtungen, jedenfalls auch solche, die Verwaltungsgerichte im eigentlichen Sinn gar nicht sein können. „Trotzdem hat sie — bemerkt Mannlicher als Korreferent auf dem 3. Deutschen Juristentage der Tschechoslowakei in Reichenberg (Verhandl. 1927 S. 228) — die positive Gesetzgebung ausdrücklich als Gerichte erklärt und die Literatur, die Wissenschaft, ist z. T. auf diesem Wege gefolgt. So wurde in dieses Gebiet viel Verwirrung hineingetragen.“ Verfolgt man die geschichtliche Entwicklung und positiv gesetzliche Regelung der Verwaltungsgerichtsbarkeit in den einzelnen deutschen Staaten, so umfaßt die Verwaltungsgerichtsbarkeit im wesentlichen

4 Gruppen von Streitsachen:

1. Die echten Parteistreitsachen; sie werden nach Rechtsgrundsätzen mit Einschluß der Fragen richterlichen Ermessens, jedoch von ausdrücklichen positiv-rechtlichen Ausnahmen abgesehen, unter Ausschluß der Fragen freien Verwaltungsermessens entschieden (sog. ursprüngliche, echte Verwaltungsgerichtsbarkeit). Man kann mit Recht die Frage aufwerfen, ob bei echten Parteistreitsachen überhaupt Fragen freien Verwaltungsermessens auftreten können.
2. Die Rechtskontrollsachen oder Anfechtungssachen, d. s. diejenigen Sachen, in denen vom Verwaltungsrichter ausschließlich nach Rechtsgrundsätzen nachzuprüfen ist, ob durch einen Verwaltungsakt in die Rechte einer Person eingegriffen worden ist. Hier ist der Verwaltungsakt vorausgegangen (sog. nachträgliche, echte Verwaltungsgerichtsbarkeit).

[2]) Einen Überblick gibt Otto Müller, Die Begriffe der Verwaltungsrechtspflege und des Verwaltungsstreitverfahrens nach preuß. Recht, ferner Bernatzik, Rechtsprechung und materielle Rechtskraft, Dyroff, bay. VGG. 5. Aufl. S. 256; Friedrichs, Verwaltungsrechtspflege, Bd. I S. 3ff.; Fleiner, Institutionen des D. VR. 4. Aufl. S. 227ff.; W. Jellinek, Verwaltungsrecht, 2. Aufl. 1929 S. 304. Angaben über das reiche Schrifttum bei Jellinek a. a. O. § 13 S. 286; Held in Bd. II von „Recht und Staat im neuen Deutschland“ S. 534—536; Stier-Somlo im HWB. d. RW., Bd. VI S. 623.

3. Gewisse, in einem weitgehenden, namentlich in Preußen bis ins Einzelne gegliederten Katalog aufgezählte Fälle von Verwaltungssachen, in denen die Verwaltungsakte ganz oder wenigstens zum Teil nach freiem Ermessen ergehen. Hier ergeht der Verwaltungsakt, der an sich der freien aktiven Verwaltung obläge, zur „Sicherung gesetzmäßiger Verwaltung" auf Grund eines verwaltungsgerichtlichen Verfahrens von einer Behörde, die in derselben Sache eine Doppelstellung hat, die der aktiven von Weisungen abhängigen Verwaltungsbehörde und die des („sachlich") unabhängigen Richters (sog. ursprüngliche, unechte Verwaltungsgerichtsbarkeit).
4. Als 4. Gruppe kommen namentlich die im Hamburger und Lübecker Recht ausgebildeten Feststellungsklagesachen in Betracht. Auch der bayerischen Verwaltungsrechtsprechung sind sie nicht unbekannt, so über Statusrechte, über die territoriale Verbandszugehörigkeit, über Feststellung der öffentlichen Eigentschaft von Wegen oder Gewässern usw. (Dyroff, VGG. 5. Aufl. S. 262).

Die dritte Gruppe ist entschieden abzulehnen; sie bedeutet eine Versündigung am Geiste der aktiven Verwaltung wie der Verwaltungsgerichtsbarkeit.

Zweck und Idee eines Richterspruches ist, in einem streitigen Rechtsverhältnisse festzustellen, was für den am streitigen Rechtsverhältnisse Beteiligten nach den bereits gegebenen tatsächlichen Verhältnissen rechtens ist. Zweck und Idee des Verwaltungsaktes geht auf Herbeiführung eines Erfolges; er bestimmt und verfügt, was nach dem, nötigenfalls durch Auflage von Bedingungen neu geformten Tatbestande künftig rechtens sein soll. „Für die Rechtsprechung ist das Gesetz Zweck, für die Verwaltung Schranke" (Stahl, Staatslehre § 173). „Verwaltung und Rechtsprechung ist ihrem Wesen nach durchaus verschieden. Für die Verwaltung ist die Zweckmäßigkeit ihrer Handlung nach pflichtmäßigem freien Ermessen das Primäre; sie muß dabei allerdings die ihr durch Gesetz gezogenen Schranken innehalten. Für die Rechtsprechung ist die Durchführung der Rechtsnorm das Primäre; soweit diese dem Richter Spielraum für pflichtmäßiges freies Ermessen lassen, soll er allerdings seine Entscheidungen möglichst zweckmäßig gestalten."[3]) (Stahl ebenda). Nach W. Jellinek Verwaltungsrecht 2. Aufl. S. 10[4]) ist die wichtigste Aufgabe des richterlichen Urteils Feststellung dessen, was Rechtens ist, nicht nur beim Feststellungsurteil des Zivilprozesses, sondern auch beim Leistungsurteil, bei einigen von rechtsgestaltenden Urteilen und beim Strafurteil. Hinsichtlich der Leistungsurteile stimme ich im Gegensatz zu seinem Kritiker Mende (Gruchots Beiträge 8. Jahrg. S. 102) den Ausführungen Coesters „die Rechtskraft der Staatsakte" S. 28—31 durchaus zu. Der Leistungsbefehl ist hier unwesentlich und nur im Hinblick auf die folgende Vollstreckung des Urteils üblich, aber nicht notwendig geworden. Wesentlich ist die richterliche Feststellung, daß z. B. A. schuldig ist, die Summe X an B zu zahlen. So ist auch beim Bayer. VGH. durchweg bei Leistungsurteilen als Tenor üblich: Der Ortsfürsorgeverband A „ist verpflichtet", an den Ortfürsorgeverband B die Verpflegskosten für C zu zahlen. Oder auch: die von A in O an die Gemeinde O geschuldete Kurförderungsabgabe für das Jahr 1928 „beträgt" 15 RM. oder der Landwirt B in M „ist schuldig", das auf seinem Anwesen Haus-

---

[3]) So auch Drews, „Vom Ausbau der preußischen Gerichtsbarkeit" in Zeitschrift für die gesamte Staatswissenschaft = ZStaatsW. 78. Jahrgang 1924 Heft 3/4 S. 601. Über den Unterschied von Rechtsprechung und Verwaltung auch Grau in „Triepel-Kaufmann-Smends, öffentlichrechtliche Abhandlungen", Heft 5 S. 97ff.

[4]) s. auch Friedrichs, VRpfl. I S. 292ff.

Nr. 26 in M. ruhende herkömmliche Reichnis von jährlich 1 Viertelklafter Holz an die Pfarrpfründe Z zu leisten. Die Leistungsurteile sind von Coester mit Recht materiell als nichtkonstative erklärt. Sie sind nach W. Jellinek VR. S. 290 ein Ausspruch dessen, was Rechtens war. Was die vorkommenden Gestaltungsurteile anlangt, so zeigen schon die von Coester S. 30 angeführten Beispiele, daß sie eine Ausnahme von der Regel sind. Coester erwähnt als Beispiel u. a. die „Entziehung einer Gewerbeberechtigung, die Entziehung eines Jagd- oder Fischereischeines.“ Gerade das sind aber als Gestaltungsakte echte Verwaltungsakte und haben mit einer „richterlichen“ Tätigkeit und Feststellung nichts zu tun. Zu den Urteilen der Verwaltungsrechtsprechung gehören aber nicht die sog. Verwaltungsakte[5]) (Coester S. 32). So hätte auch die erwähnte Ehescheidung oder Nichtigkeitserklärung eines Generalversammlungsbeschlusses an sich dem Standesbeamten oder der Verwaltungsbehörde übertragen werden können mit dem Rechte der Anfechtungsklage vor dem ordentlichen oder Verwaltungsrichter. Das Strafurteil ist eine Sache für sich, der Strafprozeß geht seine eigenen Wege. Das Eigentümliche des Gestaltungsurteiles ist nach Coester, daß dieselbe Stelle, die den Gestaltungsakt vollzieht, als staatliches Rechtserkenntnisorgan auch über die Rechtszulässigkeit des eigenen Tuns erkennt. Das ist aber doch allen Verwaltungsakten eigentümlich, indem hier die verfügende Behörde über die Rechtmäßigkeit ihres Verwaltungsaktes zunächst sich selbst schlüssig wird und befinden muß, ehe sie ihn verfügt. Die Zweckmäßigkeitsentscheidungen (Coester S. 28,93) wären systematisch richtiger wohl bei den Gestaltungsakten, nicht bei den Erkenntnisakten einzureihen, denn es handelt sich hier überall um „staatliche notwendige Mitwirkung“ bei Ausführung von Gestaltungsakten einzelner, dem Staate unterstehenden Körperschaften, insbesondere der Gemeinden. Die staatliche Mitwirkung ist gewissermaßen ein Teil des anderweit gesetzten Gestaltungsaktes, das staatliche Siegel, das unter die schon fertige Urkunde gesetzt wird. Coester nimmt die durch die positive Gesetzgebung eingeführten verwaltungsgerichtlichen Gestaltungsurteile als etwas Gegebenes hin und versucht sie zum Teil wenigstens (S. 106, 110ff.) mit Ausführungen über materielle Rechtskraft zu rechtfertigen. Und doch gibt auch Coester (S. 77) zu, daß die beiden Inhaltsbestandteile des Gestaltungsurteils — Feststellung der rechtlichen Zulässigkeit und Gestaltungsverfügung — keineswegs notwendig in einer Hand liegen müssen — ich setze hinzu, auch keineswegs notwendig in der Hand des „Richters“ liegen müssen —, daß eine Reihe von Schriftstellern Bedenken trugen, den Gestaltungsurteilen überhaupt materielle Rechtskraft zuzusprechen. Mit Recht stellt daher W. Jellinek VR. S. 290 die verneinenden Gestaltungsurteile den Feststellungsurteilen sehr nahe an die Seite und von den bejahenden Gestaltungsurteilen sagt er überaus treffend: „Ein derartiges Urteil ist keine Entscheidung mehr, sondern ein Neues schaffender Verwaltungsakt in Urteilsform“. Nach Coester erklärt die Behörde bei Fällung eines Gestaltungsurteils, durch ihren rechtsgeschäftlichen Willen eine Gestaltung der Rechtslage vorzunehmen und spricht gleichzeitig ein Erkenntnis über die Rechtszulässigkeit dieses ihres eigenen Tuns aus. Das geschieht aber täglich und stündlich von jeder Verwaltungsbehörde bei Erlassung eines

[5]) Unter Ablehnung der O. Mayerschen Auffassung in Deutsches VR., 3. Aufl. I S. 59, 92 (siehe auch Stengel-Fleischmanns Wörterbuch Bd. III S. 588) und unter Hinweis auf die gleichmäßige Stellung der französischen Juristen und ihrer grundsätzlichen Unterscheidung der Staatsakte der Verwaltung in gestaltende und erkennende. So zitiert Coester S. 32 Anm. 2 insbesondere Duquit: „Traité de droit constitutionnel“ 1911 S. 194: „L'acte administratif est la création d'une situation de droit“ und S. 263: „Juger c'est constater soit l'existence d'une règle de droit soit l'existence d'une situation de droit.“

Verwaltungsaktes; auch die Verwaltungsbehörde „findet“ täglich „Recht“, wenn sie „gesetzmäßige Verwaltung“ ausübt.[6])

Rechtslogisch ist daher nur die 1., 2. und 4. Gruppe von Verwaltungsgerichtssachen begründet. Die 3. Gruppe aber ist abzulehnen; sie steht mit dem Wesen und dem Begriffe der Verwaltungsgerichtsbarkeit, aber auch mit dem der aktiven Verwaltung in Widerspruch. Unter diese (3.) Gruppe[7]) gehören alle diejenigen Fälle, in denen der Einzelne der Behörde gegenüber steht. Falsch wäre es hier, das Vorliegen einer Verwaltungsrechtssache, einer Verwaltungsrechtsstreitsache[8]), um deswillen anzunehmen, weil in einer Reihe von Fällen der Gesetzgeber dem Einzelnen gegenüber der Behörde einen Rechtsanspruch auf ein bestimmtes Verhalten der Behörde[9]) eingeräumt hat. Trotz dieses Rechtsanspruches (subjektiven Rechtes) liegt begrifflich und dem Wesen nach kein Verwaltungsrechtsstreit, und um im preuß. Gedankenkreise zu bleiben, keine Parteistreitigkeit vor. Ebensowenig wird eine Hoheitssache dadurch zur echten Verwaltungsgerichtssache, daß dem Gesuchsteller Widersprechende oder Einspruchererhebende z. B. in Fällen des § 16 der Gewerbeordnung oder in Zwangsenteignungssachen gegenüberstehen. Es handelt sich in allen diesen Fällen nicht um Erlassung eines Richterspruches, sondern um einen Akt der staatlichen Hoheitsverwaltung.[10])

---

[6]) Ich halte darum auch den Ausdruck „Verwaltungsrechtspflege, Verwaltungsrechtsverfahren“ weniger empfehlenswert. Viel klarer scheint mir, wenn man das Verfahren vor dem „Verwaltungsrichter“ (s. Anm. 8, 10) als „Verwaltungsstreitverfahren“ bezeichnet, indem der Verwaltungsrichter entweder von vornherein schon in der untersten Rechtsstufe einen echten Parteistreit oder Feststellungsstreit zu entscheiden oder nachträglich über die von einzelnen behauptete Verletzung seines Rechts durch die staatliche Behörde zu urteilen hat. Auch die letztere Gruppe ist echter Streit und zwar zwischen Behörde und dem Einzelnen, wobei es prozeßrechtlich ohne großen Unterschied ist, ob, wie in Preußen die staatliche Behörde als Gegenpartei auftritt (Coester, S. 24, 25) oder ob aus staatspolitischen Erwägungen, wie in Bayern es hier nur einen Prozeß mit einseitiger Parteienrolle geben würde, dafür die Behörde durch einen besonderen Vertreter (Generalstaatsanwalt) ihre Interessen am Ausgang des Prozesses vertreten läßt. Ob die Verwaltungsbehörde bei der Gestaltung der Rechtsverhältnisse ihre Erkenntnis über die Rechtszulässigkeit ihres eigenen Tuns richtig getroffen hat, sollte vorbehaltlich gewisser Ausnahmen nachträglich auf Anfechtungsklage hin durch den Verwaltungsrichter nachgeprüft werden können, ein vollkommen ausreichender, vom Standpunkt der Rechtslogik und der Vereinfachung des Rechtssystems und Verfahrens durchaus genügender Rechtsschutz (wegen der Rechtskraft siehe Seite 12 f).

[7]) Da in der 2. Gruppe der verwaltungs-richterlichen Nachprüfung Verwaltungsakte vorausgehen, gelten die folgenden Ausführungen auch für die Verwaltungsakte der 2. Gruppe.

[8]) Gebräuchlicher ist der kürzere Ausdruck „Verwaltungsstreitsache“. Man muß sich aber stets vergegenwärtigen, daß der Ausdruck für jede der oben genannten 4 Arten, insbesondere auch für das Falsifikat, die 3. Gruppe verwendet wird, also noch nicht „gereinigt“, sondern teilweise irreführend ist (s. Anm. 6).

[9]) Z. B. auf Verleihung eines Konzession oder einer Erlaubnis oder der Ausstellung der Jagd- und Fischerkarte usw. oder der Entziehung oder des Widerrufs nur bei Erfüllung eines gesetzlich umschriebenen Tatbestandes.

[10]) Dem steht nicht im Wege, daß man vielfach auch Verwaltungsakte als „Entscheidungen“ bezeichnet, weil und soweit bei ihnen die Unterstellung eines konkreten Tatbestandes unter eine gegebene abstrakte Rechtsnorm vorkommt,“ so Bernatzik a. a. O. § 1. Das schließt ferner nicht aus, daß Gneist in den Verhandlungen des 12. Juristentages XII, 232 den Satz aufstellte: „Die Dekrete der Verwaltungsbehörden enthalten selbst ein Urteil darüber, ob die Anwendung sinngemäß dem Gesetz- und Staatszweck entspricht. Die Verwaltungsdekretur ist insofern schon an sich Rechtsprechung“. Begriffswidrig ist es aber, wenn wie in Preußen oder in Bayern bei einer Reihe von gewerbepolizeilichen Maßnahmen das Anordnungsrecht den Verwaltungsbehörden entzogen und auf die Verwaltungsgerichte übertragen wurde (§ 114 Abs. III preuß. ZustGes.) Unter die gewerbepolizeilichen Maßnahmen, nicht aber unter die richterlichen Entscheidungen fällt der Widerruf von Konzessionen, die Untersagung des Betriebes z. B. §§ 119, 120 preuß. ZustG., so auch Bay. VGG. Art. 8 Ziff. 8. Man spricht hier in der Rechtswissenschaft von ursprünglicher Verwaltungsgerichtsbarkeit. (Referat Apelt 15, Bühler, Die subjektiven öffentlichen Rechte, 275, 278 und im Wörterbuch des Staats- und Verwaltungsrechts Bd. 3 S. 746 Spalte 3.) W. Jellinek, Verwaltungsrecht 2. Aufl. S. 304 Ziff. 2.

Der Gesetzgeber hat zwar der Behörde einen Befehl für eine Verwaltungsbetätigung in bestimmter Richtung erteilt aber lediglich mit der Wirkung, daß wenn die Behörde diesen Gesetzesbefehl nicht beachtet, sie nicht gesetzmäßig verwaltet und daß, wenn sie zugleich das Recht des Einzelnen verletzt dieser Einzelne dann, also nachträglich, sich gegen diese Rechtsverletzung durch Anrufung des Verwaltungsrichters im Wege der Anfechtungsklage sich zur Wehr solle setzen können (richterliche Kontrolle der Gesetzmäßigkeit der Verwaltung). Vor dem Verwaltungsrichter wird die Sache dann zu einer echten Verwaltungsstreitsache, in Bayern, wenn einmal die Anfechtungsklage eingeführt ist, mit nur einer Partei, dem Anfechtungskläger, während der Staat durch den Generalstaatsanwalt vertreten wäre, in Preußen mit der staatlichen Behörde, deren Verwaltungsakt angegriffen wurde, als Partei auf der Gegenseite. Wir haben dann in Bayern den Einparteienstreit, in Preußen den Zweiparteienstreit (s. S. 49). Die 3. Gruppe zwängt reine Verwaltungssachen von Beginn ihres Werdens an bis zum Erlaß eines Verwaltungsaktes in das verwaltungsgerichtliche Gewand. Man ist in Preußen und anderen deutschen Staaten, so auch Bayern (vgl. z. B. Art. 8 Ziff. 8 VGG.), mit diesem System in der Absicht, für eine gesetzmäßige Verwaltung die notwendigen Sicherungen zu schaffen, auf den falschen Weg geraten. Man hat die Verwaltungstätigkeit, auch wenn sie Akte des freiesten Verwaltungsermessens zu setzen hatte, auch wenn es sich gar nicht um Streitentscheidungen handelte, verwaltungsrichterlich eingeschnürt, damit notwendige und begriffliche Schranken zwischen Verwaltung und Verwaltungsrechtsprechung eingerissen und auf diese Weise die parlamentarische Verantwortlichkeit der Verwaltung für ihre Handlungen eingeschränkt, der Erlassung allgemeiner Weisungen der Staatsaufsichtsbehörden einen unnötigen und gefährlichen Riegel vorgeschoben und die Handhabung und Durchführung der Gesetze im Einzelnen erschwert und einem etwa beabsichtigten Ausbau einer echten Verwaltungsgerichtsbarkeit den Weg versperrt. „Verwaltung und Rechtsprechung ist ihrem Wesen nach etwas durchaus Verschiedenes". (Drews, ZStaatW. S. 601). Bühler, Die subj. öff. Rechte S. 266 hebt mit Recht hervor: „Es war eine Quelle vieler Unklarheiten, wenn man dieses preußische Verwaltungsstreitverfahren dadurch, daß man ihm vielfach den gleichen Namen gab, auf eine Stufe stellte mit jenen Einrichtungen der süddeutschen Staaten, die für die Entscheidungen von Streitigkeiten des öffentlichen Rechts geschaffen wurden." Gneist selbst hat in den Verhandlungen des 12. Deutschen Juristentages Bd. XII S. 228 mit Bezug auf die preußischen sog. Verwaltungsgerichte bemerkt: „Man hat der Wiederherstellung älterer Rechtsinstitute den Namen Verwaltungsgerichte gegeben, obschon mit Vermeidung des Namens vielleicht mancher Streit unter den Juristen vermieden worden wäre." (s. auch hier S. 3 Mannlicher.) Man sieht oft mit stillem Vergnügen, welche Vorsicht in der Ausdrucksweise geübt wird, so bei Apelt Ref. 15: „Das Verwaltungsgericht (!) übt hier nicht reine (!) Rechtsprechung, sondern im gewissen (!) Sinne verwaltungsbehördliche Tätigkeit aus, hat deshalb auch im größeren Umfange Ermessensfragen mitzuentscheiden." Bornhak Preuß. StR. Bd. II 451 spricht von Verwaltungsrechtspflege nur in „formellem", nicht in „materiellem" Sinne, und sonst bezeichnet man diese Scheinverwaltungsgerichtsbarkeit als „ursprüngliche". (So Apelt Ref. 15). Daß die von Apelt Ref. 15 erwähnte thüringische Form, wonach ein Verwaltungsgericht mit reiner verwaltungsbehördlicher Tätigkeit befaßt wird, schlechthin als systemwidrig und gegen Rechtslogik verstoßend, abzulehnen ist, bedarf wohl keiner näheren Ausführung. Wenn Otto Mayer, Deutsches Verwaltungsrecht, 3. Aufl. I 56, sagt: „Nach Zweckmäßigkeit und freier

Wahl bestimmt das Gesetz, was in die Verwaltungsgerichtsbarkeit komme, wie und wie weit es dort behandelt werden soll", so mag dieser Grundsatz dem Zustand de lege lata durchaus entsprechen, aber de lege ferenda wäre er nicht zu billigen. Die Auffassung der einen Gruppe von Wissenschaftlern (bei Elbe a. a. O. S. 3) von Otto Mayer, Otto Müller und Hatschek, die in der Verwaltungsrechtspflege nur eine besondere, in den Formen des gerichtlichen Verfahrens sich bewegende Tätigkeit der Verwaltung sehen, nach denen Verwaltungsrechtspflege nichts anderes sei, als „die behördliche Tätigkeit zur Erlassung eines Verwaltungsaktes im Parteiverfahren" (O. Mayer VR. I 122) ist als Velleität schlechthin abzulehnen. Es ist ein Zwitterding und rechtslogisch falsch, daß die gleiche Sache Verwaltungssache und zugleich Verwaltungsrechtssache sein soll, daß in derselben Sache derselbe Beamte zugleich als ein den Befehlen und Weisungen der vorgesetzten Stelle unterworfener Beamter und als ein sachlich unabhängiger Richter tätig werden soll. Wie vielfach sind die Grenzen zwischen Rechtsfragen einschließlich der Fragen richterlichen Ermessens und Fragen des freien Verwaltungsermessens flüssig und im Einzelfall zweifelhaft? Hier kann der Beamte, der in derselben Sache mit „zwei Seelen in einer Brust" zugleich Richter und Verwaltungsbeamter sein muß, durch eine Weisung der vorgesetzten Stelle geradezu in einen Gewissenkonflikt getrieben werden, wenn diese Weisung nach seiner Ansicht auf ein Gebiet übergreift, auf dem bereits die Rechtsfrage vorherrscht und freies Verwaltungsermessen nicht mehr angenommen werden kann. Wie vorsichtig wird hier infolge der unrichtigen Einspannung der Verwaltungssache auf das Prokrustesbett der Verwaltungsgerichtsbarkeit das Staatsministerium bei Erteilung von Weisungen sein müssen. Aber auch der Bürger, der glaubt, vor einem Verwaltungsgerichte zu stehen, wird irr, wenn er sieht, daß diesem Verwaltungsgericht, dessen sog. Richter zugleich in derselben Sache aktive Verwaltungsbeamte sind, Weisungen von den vorgesetzten Stellen erhalten. Ein bezeichnendes Beispiel bieten die §§ 109, 116 der Vollz.-Vorschr. z. bayer. WasserG., indem hiernach vor Erlassung der verwaltungsrichterlichen Bescheide die Akten dem Staatsministerium des Innern (Oberste Wasserpolizeibehörde) zur event. Erlassung von Weisungen vorgelegt werden müssen. Etwaige Weisungen sind in den verwaltungsrichterlichen Bescheiden zu beachten. Anderweitige Sicherungen für gesetzmäßige Verwaltung schon in den unteren Rechtsstufen stünden doch hinreichend zur Verfügung, so die Möglichkeit, das Verfahren der inneren Verwaltung entsprechend auszubauen, wie es in vorbildlicher Weise schon im prächtigen Österreich und fortschrittlichen Thüringen geschehen ist,[11]) worauf leider noch viel zu wenig Gewicht gelegt wird. Es handelt sich um die Regelung des staatlichen Gestaltungsverfahrens, das Coester a. a. O. S. 102 mit Recht als das eigentliche echte Verwaltungsrecht bezeichnet und das gewissermaßen ein Seitenstück des Verwaltungsrechtsprozesses ist. Hierbei wäre es möglich, für gewisse Verwaltungsakte die Beachtung strengerer Verfahrensvorschriften, wie rechtliches Gehör usw. vorzuschreiben. (S. auch § 21 GewO.). Diese besondere Gruppe innerhalb des allgemeinen Verwaltungsverfahrensrechts könnte man

[11]) Österr. allgem. Verwaltungsverfahrensges. vom 21. Juli 1925 (BGBl. Nr. 274), Thür. LVO. 1926; übrigens zählen teilweise hieher auch das preuß. LVG. v. 30. Juli 1883 (GS. 195), die Württ. MinVollzVerf. v. 30. Okt. 1907 zur Bezirksordnung (RegBl. S. 643) und vom 30. Okt. 1907 zum Vollzug der §§ 20, 21 GewO. (Regbl. S. 747), in Baden die landesherrl. Verordnung vom 31. Aug. 1884 (GVBl. S. 385) und Verordn. v. 22. Sept. 1884 über die Zustellungen mit verwaltungsgerichtlichen Verfahren in Verwaltungssachen (GVBl. S. 401). Die Neuregelung des Verwaltungsverfahrens ist auch in Bayern, Württemberg und Hessen geplant, ein Beweis, wie überall das Bedürfnis hierfür empfunden wird. Dieses Bedürfnis wird zur dringenden Notwendigkeit, wenn die Verwaltungsgerichtsbarkeit auf ihr eigentliches Gebiet zurückgedämmt wird.

zusammenfassend und in Anlehnung an die Ausdrucksweise[12]) des preuß. Rechtes als Verwaltungsbeschlußsachen und als Verwaltungsbeschlußverfahren bezeichnen. Ferner sichert die gesetzmäßige Verwaltung ohnedies der allgemeine Einfluß der sozialen und sittlichen Anschauung, das den Beamten der inneren Verwaltung anzuerziehende Pflichtbewußtsein, den öffentlichen Dienst nur nach Maßgabe und im Geiste der Gesetze zu betätigen, ferner die von den übergeordneten Stellen in diesem Sinne und im Sinne des Rechtsschutzes des Bürgers geübte Dienstaufsicht, weiterhin die Disziplinarstraf- und zivilrechtliche Haftpflicht des Beamten (und des Staates wie der Gemeinden nach der zivilrechtlichen Seite, Art. 60 bayer. Ausführungsgesetzes zum BGB.), die Publizität der öffentlichen Verwaltung namentlich gegenüber der Presse, die Verantwortungspflicht gegenüber dem Parlament, die Erlassung möglichst guter Spezialgesetze (Grau in Triepel-Kaufmann-Smend a. a. O. Heft 5 S. 65) und namentlich das jedem Einzelnen gegebene Recht[13]) zur Beschwerde an die vorgesetzte Stelle und nicht zuletzt das Recht, noch eine Nachprüfung der Verwaltungsakte auf ihre Gesetzmäßigkeit durch den unabhängigen Verwaltungsrichter durch Erhebung der Anfechtungsklage herbeizuführen. Theoretisch wäre nichts dagegen zu erinnern, wenn der eine oder andere Staat selbst diese Sicherungen nicht für ausreichend hielte und etwa die Setzung aktiver Verwaltungsakte an die Mitwirkung von Selbstverwaltungskörpern (Kreisausschüssen usw.) binden oder wie es die Reichsgewerbeordnung in § 21 getan hat, die Entscheidung durch eine kollegiale Behörde vorschreiben würde. Das pflegt man sonst als staatliche Selbstverwaltung zu bezeichnen, ist aber keinesfalls Verwaltungsrechtspflege oder Verwaltungsgerichtsbarkeit; die Sache wird dadurch nicht zur Verwaltungsstreitsache (über die Laienfrage s. S. 45).

Die Tätigkeit des Verwaltungsrichters auf Grund der Anfechtungsklage ist in der 2. Gruppe angeführt und ist echte Verwaltungsgerichtsbarkeit, denn der Tatbestand ist hier durch die Tätigkeit der Verwaltungsbehörde bereits abgeschlossen. Der Anfechtungskläger behauptet vor dem Verwaltungsrichter, daß der von ihm angefochtene von der aktiven Verwaltungsbehörde gesetzte Verwaltungsakt Unrecht sei. Der Verwaltungsrichter entscheidet hier nach den Bestimmungen des Gesetzes und nach den Grundsätzen des Rechtes über die Rechtsfrage. Hier ist die vom Standpunkt des öffentlichen Rechts wichtigste Domäne der Verwaltungsgerichtsbarkeit berührt, insbes. das Gebiet, für das namentlich

---

[12]) Nur an die „Ausdrucksweise" und die von Gneist mit dem Beschlußverfahren verbundenen „Absichten". Sachlich bedarf auch das preußische Beschlußverfahren der Verbesserung und Reinigung. Hue de Grais in seinem „Handbuche der Verfassung und Verwaltung in Preußen und im deutschen Reiche" (23. Aufl. S. 105): In Preußen „ist vor allem die Scheidung zwischen der Beschlußbehörde als einer nach Zweckmäßigkeitsgründen entscheidenden, besonders gearteten Verwaltungsbehörde und dem Verwaltungsgericht als einem Gericht, welches Recht zu sprechen und Zweckmäßigkeitserwägungen nicht anzustellen hat, nicht klar durchgeführt" (Sperrung von mir). Drews in der Z. f. d. ges. Staatswissenschaft 1924 S. 601: „Eine Verwaltungsreform muß . . . die ursprünglich Gneist'sche Idee der Trennung von Selbstverwaltungsbeschlußbehörden und Verwaltungsgerichten, von Verwaltungsgerichtsbarkeit und Rechtsprechung, wie sie in der Bezirksinstanz zuerst schon durchgeführt war, wieder aufnehmen und organisatorisch verwirklichen". S. III Buchst. A, Ziff. 1, b; u. Anhang I—VI.

[13]) Dieses Recht wird in den deutschen Staaten in der verschiedensten Weise bezeichnet als Anfechtungsklage, Anfechtung, Klage, Verwaltungsklage, Rechtsbeschwerde, Beschwerde, Rekurs (Otto Mayer a. a. O. Bd. I 160), in Apelt's Ref. S. 10 als Rechtsbeschwerde, im E. eines RVG. § 73 als Klage im Anfechtungsverfahren. Die ordnungsgemäße Beschwerde zur nächst vorgesetzten Verwaltungsbehörde soll im folgenden als Verwaltungsbeschwerde, die Anregung der Dienstaufsicht als Aufsichtsbeschwerde, die zum Verwaltungsrichter zwecks Ausübung der Verwaltungskontrolle zunächst in Anlehnung an den E. eines RVG. als Anfechtungsklage bezeichnet werden. Siehe hier Ziff. 2.

und in erster Linie die Einführung der Verwaltungsgerichtsbarkeit gefordert wurde und zum Teil heute noch gefordert wird. Deshalb pflegt vielfach, wenn auch einseitig, die Verwendung der Verwaltungsrechtspflege nur zur Rechtskontrolle hervorgehoben zu werden. Darum sollte nach Gneist (Verhandlungen 12. Deutschen Juristentag Bd. 3 1875 S. 241) die Verwaltungsgerichtsbarkeit der ordentlichen Gerichtsbarkeit ergänzend zur Seite treten für den Fall einer rechtswidrigen und ungerechten Ausübung der Staatshoheitsrechte. Die Idee, die der Verwaltungsgerichtsbarkeit zugrunde liegt ist die, daß sie dazu „dienen soll zum Schutz des Publikums gegen die Maßnahmen der Verwaltungsbehörden"; sie setzt also diese Maßnahmen als bereits vollzogen voraus. (Drews auf der Reichenberger Tagung. Man spricht hier von nachträglicher Verwaltungsgerichtsbarkeit. Mayers Deutsches VerwR. 2. Aufl. I 156. Jellinek nennt sie einseitige Verwaltungsrechtspflege. VR. § 13 III S. 305.)

Noch ist die 1. und 4. Gruppe zu betrachten. Beide Gruppen enthalten echte Verwaltungsgerichtsbarkeit, die man mit Recht als ursprüngliche Verwaltungsgerichtsbarkeit bezeichnet, da hier die Entscheidungen schon in den untersten Rechtsstufen vom Verwaltungsrichter gesetzt werden.

Gruppe 1 umfaßt die echten Parteistreitsachen. Nach Apelts Ref. (15) sind es solche, in denen mehrere Beteiligte mit gegenseitigen materiellen Rechtsansprüchen öffentlich-rechtlicher Art einander gegenüberstehen, nicht aber der Einzelne der behördlichen Gewalt gegenübertritt. Nach S. 37 sind es solche, in denen ein im öffentlichen Recht wurzelnder Anspruch erhoben wird. Nach S. 33 sind es wirkliche Streitigkeiten des öffentlichen Rechts, in denen über Rechtsansprüche verschiedener Beteiligter gegeneinander, nicht gegenüber der Obrigkeit, in ursprünglicher Rechtspflege zu entscheiden ist. Jedenfalls wird der Forderung (37), daß zwischen echten Parteistreitigkeiten und reinen Anfechtungssachen deutlich unterschieden werden müsse, daß also von ersteren alle Fälle auszuschließen seien, in denen es sich um einen Streit gegenüber der Obrigkeit handelt, mit aller Entschiedenheit und in erster Linie beigetreten werden müssen (über die vorerst abweichende Meinung Hofackers s. hier S. 43). Da aber „ein im öffentlichen Recht wurzelnder Anspruch", Apelt, 37, im gewissen Grade auch bei Anfechtungssachen vorkommen kann (s. S. 6), möchte der Begriffsbestimmung von Knauth-Wagner, Landesverwaltungsordnung für Thüringen, § 61 Anm. 5 S. 110, auch Apelt, Sächs. Verwaltungsrechtspflegegesetz, 2. Aufl. S. 19, der Vorzug zu geben sein. Hiernach wären Parteistreitigkeiten des öffentlichen Rechts solche, bei denen den Gegenstand nicht die Frage bildet, ob ein behördliches Vorgehen in einem bestimmten Falle eine Rechtsverletzung enthalte (die Fälle der Anfechtungsklage), sondern bei denen zwischen zwei oder mehreren natürlichen oder juristischen Personen oder zwischen einem obrigkeitlichen Verband und Privatpersonen als Gleichberechtigten über die im objektiven Rechte begründeten Ansprüche und Verbindlichkeiten gestritten wird. (Auch Drews 3. Deutscher Juristentag in der Tschechoslowakei 1927 S. 225; von Elbe spricht hier von echten subjektiven Rechten und setzt sie den Parteistreitigkeiten gleich; S. 30 mit zutreffenden Beispielen; Müller a. a. O. S. 71; ebenso der Entw. eines RVG., Begründung zu § 84.) Daß die Anwendung dieser Begriffsbestimmung im einzelnen Fall manchmal nicht leicht ist, kann nicht bestritten werden. So handelt es sich in einzelnen bei Knauth-Wagner angeführten Beispielen kaum um echte Parteistreitigkeiten. Z. B. bei Streit über Verpflichtung zur Übernahme von Beamtenstellen bei Eingemeindungen, über Verpflichtung zur Annahme der Wiederwahl zum Bürgermeister oder Beigeordneten. Hier handelt es sich höchstens um einen ausdrücklich (nicht begriffslogisch notwendigen) vom Gesetzgeber gewährten verwaltungsrichterlichen Schutz des Rechtes auf ein Amt oder der beanspruchten Pflicht gegenüber einem anderen. Man könnte die Einreihung unter die Parteistreitigkeiten nur rechtfertigen, weil sich der Anspruch des Amtsinhabers gegen eine dem Staate unterstellte Körperschaft (Gemeinde, Bezirk, Kreis) richtet oder umgekehrt. Richtig genommen handelt es sich um Fälle, in denen die öffentlich-rechtliche Pflicht des Staatsbürgers gegenüber dem Staate (Gemeindeverband) zur Übernahme und Ausübung gewisser Ehrenämter oder überhaupt die Geltendmachung dienstaufsichtlicher Belange in Frage steht; also Wahrung der staatshoheitlichen und dienstlichen Interessen ist hier das Ziel der ganzen Regelung. (Bayer. GO. Art. 73 Abs. II; ähnlich die Beschwerdemöglichkeit der bayerischen Staatsbeamten gegen Inruhestandsversetzung seitens des Staatsministeriums nach Art. 51 Abs. VI des Staatsbeamtengesetzes in der Fassung vom 10. Juli 1927.) Alle diese Fälle gehören sicher viel eher zu den Anfechtungssachen als unter die echten Parteistreitsachen.

Die Gruppe 4 umfaßt die Feststellungssachen. Auch hier ist es nicht systemwidrig, wenn man diese Entscheidungen schon von der untersten Stufe an verwaltungsrichterlich aufzieht. Denn auch hier handelt es sich um Entscheidungen nach rein objektiven, rechtlichen Gesichtspunkten darüber, was im einzelnen Falle rechtens ist. Z. B. ob jemand die preußische Staatsangehörigkeit besitzt oder nicht. Sie gehen auf Feststellung eines Rechtsverhältnisses schlechthin. Allerdings handelt es sich bei Einreihung von Feststellungssachen unter die Verwaltungsgerichtsbarkeit nicht um das Vorliegen eines materiell-rechtlichen Anspruches des einen gegen den anderen, über den gestritten wird, sondern um Gewährung eines Rechtsschutzanspruchs, um das Recht auf prozessuales Begehren nach richterlicher Feststellung eines Rechtsverhältnisses (Staudinger, Komm. z. BGB. 9. Aufl. Bd. 1 § 194 Anm. 5 S. 771). Siehe § 20 Hamburger VGG. vom 2. Nov. 1921, § 28 des Brem. VGG. vom 6. Jan. 1924, § 42 des VStrG. von Mecklenburg-Strelitz vom 17. Aug. 1922. Versteckt kommen auch in anderen deutschen Staaten Feststellungssachen vor und werden vor dem Verwaltungsrichter ausgetragen.[15]) Zusammenfassend wären also zu unterscheiden:

als ursprüngliche echte Verwaltungsgerichtsbarkeit die verwaltungsgerichtliche Entscheidung von

1. echten Parteistreitigkeiten,
2. von Feststellungssachen;

als nachträgliche echte Verwaltungsgerichtsbarkeit die richterliche Überprüfung vorausgegangener Verwaltungsakte (Anfechtungssachen). Abzulehnen ist dagegen, weil systemwidrig, die Einspannung von Anfechtungssachen schon in den unteren Verwaltungsstufen in das verwaltungsrichterliche Verfahren und unter die Kategorie von Verwaltungsgerichtssachen z. B. in Bayern Art. 8 Ziff. 8 VGG. (sog. ursprüngliche, unechte Verwaltungsgerichtsbarkeit).

Legt man diese Begriffsbestimmung und Umgrenzung der Verwaltungsgerichtsbarkeit zugrunde, dann muß von der Forderung des Apeltschen Ref. (37) jedes Wort als richtig unterstrichen und von den Gesetzgebern in Reich und Ländern beachtet werden: „Vor allem wird man, woran es bisher in den meisten Ländern fehlt, begrifflich zwischen echten Partei-

[15]) Bezüglich Sachsen und Baden s. bei Fleiner, Inst. § 15 Anm. 72, bezüglich Thüringen Knauth-Wagner, § 109 Anm. 6 S. 158, bezüglich Bayern die Feststellung über Statusrechte, über die territoriale Verbandszugehörigkeit, über die öffentliche Eigenschaft von Wegen und Gewässern usw., bei Dyroff, VGG. 5. Aufl. S. 262, 747, 749 und hier Anhang VII.

streitigkeiten[16]) und reinen Anfechtungssachen deutlich unterscheiden müssen und von den ersteren alle solche Fälle ausschließen, in denen es sich um einen Streit gegenüber der Obrigkeit handelt" (und S. 22:) „für das Reich selbst ist ein einheitliches Rechtsschutzsystem dringendes Bedürfnis. Ebenso liegt es auch im besonderen Interesse der Länder; denn solange diese keinen übereinstimmenden Rechtsschutz haben, ist ihre Verwaltung immer in Gefahr, durch Vorschriften des Reiches störend durchbrochen zu werden; eine systematische Angleichung wirkt deshalb auch am besten den Bestrebungen nach weiterer Aushöhlung der Länder entgegen." Dann kann dem Antrage des Referats (22) zugestimmt werden, daß die Verwaltungsgerichtsbarkeit weiter auszubauen ist, in der Weise, daß man sie auf den Stand derjenigen Länder bringt, die hierin am weitesten fortgeschritten sind, aber doch nur unter der Voraussetzung, daß die Verwaltungsgerichtsbarkeit der Länder dem von Apelt selbst (37) geforderten sachlich richtigem Aufbau entspricht und da scheint es mit Apelt noch in allen Ländern gründlich zu fehlen. Ein wichtiger Einwand ist hier zu behandeln, das neu vorgeschlagene System bedeute die Einschränkung des Rechtsschutzes in den Fällen, in denen bisher Gestaltungsakte im verwaltungsgerichtlichen Verfahren ergingen, künftig aber im Verwaltungsverfahren, wenn auch Verwaltungsbeschlußverfahren, ergehen sollen, dem ist zu erwidern. Der Schwerpunkt aller Gestaltungsakte liegt auf dem Gebiete des freien Verwaltungsermessens. Das ist zum Teil selbst dann der Fall, wenn es sich z. B. um den Widerruf einer gewerblichen Konzession, der Einziehung einer Jagdkarte oder Fischereikarte handelt. Denn auch hier muß die Verwaltungsbehörde bei aller strengen, gesetzlichen Festlegung der Voraussetzungen des Widerrufs und der Einziehung nicht unter allen Umständen und in allen Fällen von der Möglichkeit des Widerrufs und der Einziehung Gebrauch machen; sie „können" hiervon Gebrauch machen (§§ 51, 53, 53a, 58, 60 Abs. 3 usw. GewO.; Art. 21 mit 19 des Jagdges. vom 30. März 1850, Art. 66 Abs. II des Fischereigesetzes vom 15. Aug. 1908 usw.). Auf dem Weg des freien Verwaltungsermessens war bisher schon der „Verwaltungsrichter" — „die zwei Seelen in einer Brust" — ausgeschaltet. In diesem Falle war der Verwaltungsrichter nur hinsichtlich der Rechtsfrage, also in dem geringsten Teile der anhängigen Sache, Richter. Was aber Rechtslogik und richtige Systematik erfordert, kann nicht Einschränkung des Rechtsschutzes sein, umso weniger, wenn gegenüber solchen gestaltenden Verwaltungsakten die nachträgliche Anfechtungsklage zum wirklich unabhängigen Verwaltungsrichter zugelassen wird. Auch kann nicht darauf hingewiesen werden, daß die früher als verwaltungsgerichtliche Beschlüsse ergangenen Entscheidungen die Rechtskraft beschritten hätten, während die nun von den aktiven Verwaltungsbehörden erlassenen Verwaltungsakte der Rechtskraft entbehrten. Der Einwand geht nach beiden Richtungen hin fehl. Gerade das vorgeschlagene neue System bringt eine wesentlich bessere Scheidung der Begriffe über Rechtskraft. Darüber, daß die in echten Parteistreitigkeiten ergangenen verwaltungsgerichtlichen Urteile (Beispiele siehe Anhang VII u. VIII) schlechthin und im vollen Umfange und absolut der materiellen Rechtskraft für die Parteien wie für die Behörden fähig und teilhaftig sind, kann nicht der Schatten eines Zweifels liegen, da sie nicht eine Spur von gestaltenden Verwaltungsakten an sich tragen, keinerlei öffentliches Interesse zur Abänderung des urteilsmäßig und richterlich festgestellten Rechtsverhältnisses, von den Fällen des Wiederaufnahmeverfahrens abgesehen, zwingen

[16]) Die Unterscheidung W. Jellineks VR. S. 304 Ziff. 1 wäre hiernach de lege ferenda richtig zu stellen; demgegenüber mit Recht seine Ausführungen unter Ziff. 2. In Anfechtungssachen handelt es sich durchweg um ein Überordnungsverhältnis.

kann. Der Richter hat gesprochen, die Sache ist beendet, rebus sic stantibus. So auch W. Jellinek Verwaltungsrecht, S. 297/98. Schon die bei Jellinek erwähnten Beispiele beweisen gegenüber Coester, daß der Einwand der rechtskräftig entschiedenen Sache auch im Verwaltungsrecht durchaus nicht so selten ist. Diese klare, für verwaltungsgerichtliche Urteile einzig richtige Folge wurde bisher verwirrt, die Frage nach der materiellen Rechtskraft verwaltungsgerichtlicher Urteile wesentlich erschwert durch die falsche Einstellung von echten Verwaltungsakten rechtsgestaltender Natur in den Katalog von Verwaltungsrechtsstreitsachen. Denn keinem Zweifel kann unterliegen, daß diese Verwaltungsakte, auch wenn sie vom Verwaltungsrichter erlassen sind, aus Gründen des öffentlichen Interesses zwar die formelle, niemals aber die materielle Rechtskraft erlangen könnten (Dyroff VGG., 5. Aufl. S. 652ff.). Bisher wurde in der Wissenschaft und Praxis solchen sogenannten pseudo-verwaltungsgerichtlichen Urteilen (auch hier war die bisherige Bezeichnung Beschluß, Bescheid, Entscheidung irreführend und verwässernd) die Rechtskraft nur in beschränktem Maße zuerkannt. Bisher konnte im öffentlichen Interesse die Verwaltungsbehörde z. B. die auf dem Gebiete der GewO. ergangenen sog. „verwaltungsgerichtlichen Bescheide" aufheben oder ändern, soweit nicht gesetzliche Bestimmungen z. B. § 53 GewO. dies ausdrücklich untersagten oder aus ihnen Rechte Dritter erwachsen waren. Bayer. VGH. EBd. 11 S. 262: „Bei Bescheiden der Verwaltungsbehörde (beide Ausdrücke sind bezeichnend!) welche in Bescheidung von Konzessionsgesuchen erlassen werden, tritt eine Rechtskraft in dem Sinne, daß hiedurch unabänderliches Recht geschaffen wird, nur dann ein, wenn und insoweit dieselben zugleich einen verwaltungsrechtlichen Ausspruch über bestrittene Rechte und Verbindlichkeiten zwischen dem Konzessionsbewerber und des im Streit beteiligten Gegeninteressenten enthalten" (siehe auch Reg. 28 S. 173, Landmann GewO. 7. Aufl. § 20 Anm. 3, S. 234, 235 und § 51 mit Anm., Eymann Wassergeſ. Art. 172 Anm. 1b, der insofern mit sich in Konflikt gerät, als er bei einheitlichen Beschlüssen den verwaltungsgerichtlichen und den Verwaltungsteil eines Beschlusses hinsichtlich der Rechtskraft verschieden behandeln will, wiederum eine Folge des bisherigen unrichtigen Systems.) Mit Recht sagt daher Coester S. 103: „Für das Verwaltungsrecht im eigentlichen Sinn, d. h. für das staatliche Gestaltungsverfahren, scheidet die materielle Rechtskraft völlig aus. Hier ist die Antwort, ob es eine materielle Rechtskraft gibt, ein klares Nein". „Dagegen zerstört eine konsequent durchgeführte Rechtskrafttheorie den herkömmlichen Begriff des Verwaltungsrechts und legt es nahe den Begriff neu zu fassen". Mit Recht sagt aber auch W. Jellinek VR. S. 298/99, daß die Frage nach der materiellen Rechtskraft der auf die Anfechtungsklage, also gegenüber rechtsgestaltenden Verwaltungsakten ergangenen verwaltungsgerichtlichen Urteile schwieriger liege. Den einschlägigen Ausführungen Jellineks stimme ich in vollem Umfange zu.

2. Rechtsmittel.

Ausgezeichnet sind die vom Apelt'schen Referate an die Spitze gestellten Programmsätze, daß eine Häufung von Rechtsmitteln und Rechtsmittelinstanzen nicht den besten Rechtsschutz bedeute und daß der Einzelne nicht an einer größeren Instanzenzahl, sondern an der denkbar besten Gewähr für einen richtigen und baldigen Spruch Interesse habe.[17]) Will man hier zum richtigen Ziele kommen,

[17]) Im folgenden wird an Stelle des bisher fast allgemein gebrauchten Wortes „Instanz" das deutsche Wort „Stufe" gebraucht. Dabei umfaßt Stufe die „Verwaltungsstufe" im einfachen Verwaltungsverfahren u. im Verwaltungsbeschlußverfahren und die „Rechtsstufe" im Verwaltungsstreitverfahren. „Stufenfolge" oder „Rechtszug" soll den Ausdruck „Instanzenzug" ersetzen.

so muß zunächst an der gewonnenen Unterscheidung von ursprünglicher und nachträglicher Verwaltungsgerichtsbarkeit, von echten Parteistreitsachen (einschließlich der Feststellungssachen) und von Anfechtungssachen, festgehalten werden.

a) ursprüngliche, echte Verwaltuugsgerichtsbarkeit.

a) Die ursprüngliche Verwaltungsgerichtsbarkeit! Entweder man regelt die Sache so wie in Württemberg und Österreich, indem man die echten Parteistreitigkeiten auch in den unteren Rechtszügen von den Behörden der inneren Verwaltung in einem, wenn auch formstrengeren Verwaltungsverfahren, also nicht im verwaltungsgerichtlichen Verfahren, entscheiden läßt und dann gegen die Entscheidung der letzten Verwaltungsstufe die Anfechtungsklage (in Württemberg und Österreich als Rechtsbeschwerde bezeichnet) an das oberste Verwaltungsgericht gewährt oder man muß schon in der untersten Stufe wie z. B. in Bayern (den Art. 8 VGG., vorbehaltlich seiner Reinigung) den Verwaltungsrichter in sein Richteramt einsetzen. Dann ist es wiederum eine besondere Organisationsfrage, ob man nur 2 Rechtsstufen mit der Befugnis zur vollen Tatsachenwürdigung und Sachentscheidung einrichtet, oder ob man noch eine 3. sog. Revisionsinstanz zubilligen will und endlich, ob man die Verwaltungsgerichte sämtlicher Rechtsstufen oder nur (das mittlere und) höchste Verwaltungsgericht als echtes Verwaltungsgericht (Vollgericht, Richter persönlich und sachlich unabhängig) einrichten soll.

Für die echten Parteistreitigkeiten und Feststellungssachen muß ein förmlicher Parteiprozeß mit strengeren Formen eingerichtet werden. Recht der Parteien auf Gehör, Recht auf Akteneinsicht und Anteilnahme an der Beweisaufnahme, Möglichkeit der öffentlichen mündlichen Verhandlung, Urteile mit Begründung und Beschwerdebelehrung usw.[18]) Wer Partei (Beteiligter) ist, regelt sich nach allgemein prozessualen und namentlich materiell-rechtlichen Grundsätzen und Vorschriften. Werden insgesamt etwa in kleineren Ländern nur 2 Rechtsstufen (doch wohl das mindeste eines ausreichenden Rechtsschutzes) eingerichtet, so dürfte die Frage nach der Einschränkung der höheren Rechtsstufe auf die Rechtsfragen etwa nach Art eines Revisionsgerichtes kaum mehr aufzuwerfen sein. Vielmehr wird die 2. Rechtsstufe die Entscheidung der ersten Rechtsstufe in vollem Umfange, also als Berufungsgericht nachzuprüfen haben. Das Rechtsmittel wäre also die Berufung und wenn man in größeren Ländern noch eine 3. Rechtsstufe als Revisionsinstanz einrichten will, für diese die Revision (Beispiel einer Revisionsformel in § 94, Ziff. 1 und 2 preuß. LandesVG. mit §§ 98, 99 und in § 30 des Entw. eines RVG.). Die von Apelt aufgeworfene Frage nach dem Umfang der Nachprüfung, insbesondere deren Erstreckung auf Ermessensfragen, kann bei der ursprünglichen Verwaltungsgerichtsbarkeit überhaupt nicht in Zweifel gezogen werden. Im Gegensatz zu den Anfechtungssachen hier S. 27 spielt bei den echten Parteistreitigkeiten die Frage nach der Behandlung des Ermessens kaum eine Rolle. Bei echten Parteistreitsachen und Feststellungssachen ist, solange sie noch nicht verwaltungsrichterlich entschieden sind, also noch kein rechtskräftiges Urteil vorliegt, für freies Verwaltungsermessen, von vorläufigen Maßnahmen abgesehen, überhaupt kein Raum. Es können schon begrifflich nur Fragen richterlichen Ermessens auftauchen. Die Feststellung, ob ein Gewässer ein öffentliches ist, ob ein Weg ein öffentlicher ist, die Feststellung der Staatsangehörigkeit usw. kann nur nach Rechtsgrundsätzen, einschließlich des richterlichen Ermessens, nie

[18]) Der Natur der Sache nach kann es bei Feststellungssachen nur einen einseitigen Parteiprozeß geben, was nicht ausschließt, daß auch hier in einigen Staaten die Behörde als Gegenpartei auftritt.

in Anwendung freien Verwaltungsermessens entschieden werden. Bei den Parteistreitsachen ist das gleiche der Fall, z. B. bei dem Anspruch einer Gemeinde auf Ortsverweisung des A aus armenpolizeilichen Gründen (§§ 1, 4, 5 FrzG. und Art. 9 Bayer. AufenthG.) den Ersatzansprüchen im Fürsorgerecht (§ 29 RFV., § 37 Abs. 1, § 38 Abs. 2 UWG. und den AusfG. hierzu), dem Anspruch auf Gemeinderechtsgebühr und deren Rückvergütung (Art. 33, 34 und 35, 37 Bayer. GO.), dem Anspruch auf Benützung gemeindlicher Anstalten und Verbindlichkeiten zur Entrichtung besonderer Vergütungen hierfür (Art. 138 Abs. 2 Bayer. GO. Art. 45 Z. 2 BezO. und Art. 42 Z. 2 KrO.). Wohl aber können hier Fragen richterlichen Ermessens durch Auslegung von unbestimmten Gesetzesbegriffen, von dehnbaren Rechtsbegriffen nach Stier-Somlo von „Ausfüllungsbegriffen" oder Fragen „technischen Ermessens" auftauchen, z. B. ob jemand „hilfsbedürftig" im Sinne der RFV. ist, ob der Abzuweisende „hinreichende Kräfte" besitzt zur Beschaffung des „notdürftigsten Unterhalts" im Sinne des § 4 FrzG., ob die Wegweisung eine „offensichtliche Härte" bedeutet (§ 5 FrzG.). Unter die Fragen richterlichen Ermessens zählt regelmäßig auch die Frage, die auf Grund und nach Maßgabe sachverständiger Gutachten zu entscheiden ist. So ist es eine Frage technischen Ermessens, einer Abart richterlichen Ermessens, ob ein Flußteil zu Schiff- oder Floßfahrt dient, ob durch Benützung eines Privatflusses oder Gewässers durch den Eigentümer eine einem anderen schädliche Stauung oder Überschwemmung, Versumpfung, schädliche Austrocknung oder sonstige Beschädigung fremder Grundstücke und Anlagen verursacht wird usw.

b) nachträgl. echte Verwaltungsgerichtsbarkeit.

b) Zum Teil anders sind die bei Ziff. 2a aufgeworfenen und behandelten Fragen bei den Angelegenheiten der nachträglichen Verwaltungsgerichtsbarkeit, den Anfechtungssachen zu beantworten. Das Referat (24 oben) wirft die Frage auf, ob die Rechtsverletzung als Voraussetzung für die Anfechtungsklage besonders betont werden soll, oder ob es nicht genügte, „jedem Beteiligten" d. h. jedem, in dessen Rechte oder berechtigte Interessen ein Verwaltungsakt eingreift, oder jedem, der an der Änderung der Verfügung ein berechtigtes Interesse hat, das Rechtsmittel zuzugestehen. Damit wird die gesetzliche Voraussetzung (hier S. 15 ff.) und Formel der Anfechtungsklage (S. 23 ff.) zur Erörterung gestellt. Im unmittelbaren Zusammenhang damit steht die Frage, ob und inwieweit das Verwaltungsgericht, an das die Anfechtungssache infolge Anfechtungsklage gelangt, auch die Ermessensfrage soll nachprüfen können (Buchst. d).

Hier kommen wir an die Domäne, das ureigentliche Gebiet der Verwaltungsgerichtsbarkeit. So wird die „Anfechtungsklage" des Sächs. Rechts von Apelt selbst in seiner Handausgabe S. 20 als das Rückgrat des sächsischen Gesetzes bezeichnet. Wenn man bedenkt, daß nach Angaben Schelchers in Fischers Zeitschrift für Verwaltungsrecht Bd. 59 S. 1 ff. in Sachsen die Anzahl der Anfechtungsklagen zu den Berufungen in den Parteistreitsachen sich verhält wie 6 : 1, so erhellt hieraus, welche Bedeutung und welchen Umfang dieses Rechtsmittel in Sachsen angenommen hat. In Bayern ist es bisher nur einzelnen öffentlichen Körperschaften eingeräumt gewesen (VGG. Art. 10 Z. 1—3a). Die Anfechtungsklage bezweckt das, was in Art. 107 RV. als Aufgabe der Verwaltungsgerichtsbarkeit den verfassungsmäßigen Ausdruck erhalten hat. Die Verwaltungsgerichte sollen dienen „zum Schutz der einzelnen gegen Anordnungen und Verfügungen der Verwaltungsbehörden". Nicht ganz so scharf, weil der bisherigen Ausdrucksweise des Art. 8 des Bayer. VGG. sich anlehnend, eröffnet § 71 Bayer. VU. das

Verwaltungsrechtsverfahren für „bestrittene Rechtsansprüche und Verbindlichkeit auf dem Gebiete des öffentlichen Rechts." Die neuere Philosophie und Rechtswissenschaft hat bekanntlich der mittelalterlich individualistischen Rechtsstaatsidee die formal-juristische Rechtsstaatsidee gegenübergestellt, indem sie das Wesen des Rechtsstaates in die Art und Weise, also in die Form setzte, in welcher der Kulturstaat die Staatszwecke zu erreichen sucht und seine Verwaltung betätigt. Diese rechtsphilosophische Verbesserung des Verhältnisses vom Staat zum einzelnen fand seinen gesetzmäßigen Ausdruck in dem Übergang der deutschen Staaten zum konstitutionellen Verfassungsstaate. Die Verwaltung durfte nicht mehr nur nach Zweckmäßigkeitsgründen, sondern nur nach Gesetz und Recht, nur auf Grund und innerhalb der Schranken der Gesetze sich betätigen. Der rechtsstaatliche Grundsatz der gesetzmäßigen Verwaltung war damit auf das verfassungsmäßige Schild erhoben und insbesondere mit der späteren feineren Entwicklung des materiellen Verwaltungsrechts durch schärfere gegenseitige Abgrenzung des „staatlichen Dürfens und des untertanlichen Müssens" herausgearbeitet[19]) worden. Allein mit dieser Entwicklung war der moderne Rechtsstaat nur auf seine unbedingt notwendige Grundlage gestellt, er war im Rohbau aufgeführt, aber noch nicht im Innern ausgebaut, denn nach wie vor war es zunächst der Verwaltung selbst überlassen, zu bestimmen, ob und inwieweit sie der Begrenzung der staatlichen Vollzugsgewalt gegenüber dem Einzelnen tatsächlich Rechnung trug.[20])

Über Beschwerden entschied letzten Endes die oberste Verwaltungsbehörde, sie war dann Richter in eigener Sache. Die Einführung der Ministerverantwortlichkeit, des Steuerverweigerungsrechts des Landtags, der persönlichen Haftbarkeit der Beamten für vorsätzliche und fahrlässige Übergriffe und Versäumnisse der Amtsführung (zuletzt mit der Ausdehnung dieser Haftbarkeit auf den Staat und Kommunalverband; Art. 60 BayAG. z. BGB.) genügte nicht. Das Bedürfnis nach Rechtsschutz rief laut nach Einführung der Kontrolle der gesetzmäßigen Verwaltung durch unabhängige Gerichte. Der langwährende Streit zwischen Justizstaat und Verwaltungsstaat[21]) ist durch Art. 107 RV. zugunsten des letzteren entschieden.

---

[19]) Ein Grundsatz, der in den neuesten Verfassungen, so z. B. Art. 114, 153 ff. RV., §§ 16, 61 Z. 1 und 74 Bay. VU. vielfach besonders verankert wurde.

[20]) Über Rechtsstaat, Gesetzmäßigkeit der Verwaltung siehe Thoma im Jahrbuch des öff. Rechts der Gegenwart IV (1910) S. 196, Laband, Staatsrecht des Deutschen Reiches, 5. Aufl. II 186, 193; Bühler, d. subj. öff. R. 67, 126; W. Jellinek VR. 77, 84.

[21]) Über den falschen Weg, der zur Sicherung der gesetzmäßigen Verwaltung zum Teil hier betreten wurde, s. oben S. 7 ff. Die Einführung des Justizstaates, d. h. Übertragung der Kontrolle über die Verwaltungsbehörden an die ordentlichen Gerichte war lange Zeit eine Forderung des Tages. So enthielt die Verfassung der Paulskirche § 182 wohl in Ermangelung von Verwaltungsgerichten überhaupt noch das rein justizstaatliche Programm: „Die Verwaltungsrechtspflege hört auf; über alle Rechtsverletzungen entscheiden die Gerichte." Der Hesse Otto Bähr hat dieses Programm in seiner berühmten Schrift über den „Rechtsstaat" (1864) nochmals vertreten und heute noch liebäugelt z. B. W. Jellinek (Veröffentlichungen der Vereinigungen der deutschen Staatsrechtslehrer 1925 S. 8, VR. 1928 S. 93) mit dem justizstaatlichen Gedanken und empfiehlt Binder („Prozeß und Recht" 1927 S. 343 Anm. 2) die Überweisung aller Rechtsstreitigkeiten ohne Unterschied des privaten und öffentlichen Rechts an die ordentlichen Gerichte. Aber der justizstaatliche Gedanke ist schon im Hinblick auf den ungeheuren Ausdehnungstrieb und die Entwicklungsfähigkeit des öffentlichen Rechts schlechthin abzulehnen. Auf die Streitfrage, ob zwischen öffentlichem und privatem Recht ein Wesensunterschied besteht, oder ob es sich nur um eine aus Zweckmäßigkeitsgründen vorgenommene Zuständigkeitsverteilung handelt, soll hier nicht eingegangen werden. Soviel ist jedenfalls sicher: Zieht man die Masse der neutralen Begriffe ab, die beiden Gebieten dem öffentlichen wie privaten Recht, wenn auch mit gewissen Abwandlungen und Eigentümlichkeiten gemeinsam sind, so ist unzweifelhaft ein im Wesen begründeter Unterschied zwischen dem öffentlichen Verhältnisse der Staatshoheit zum Einzelnen und zwischen dem privaten Verhältnisse des einzelnen zum einzelnen nicht zu leugnen. Das erstere untersteht der freien Verfügung der das

Da jedoch Art. 107 RV. im übrigen auf die Einzelgesetzgebung verweist mit den Worten „nach Maßgabe der Gesetzgebung", so ist mit Art. 107 RV. für Beantwortung der herausgestellten Frage nicht allzuviel gewonnen. Immerhin ist in Art. 107 das Wesen der nachträglichen Verwaltungsgerichtsbarkeit, also der Gruppe der Anfechtungssachen gut umschrieben. Auf die Gruppe der echten Parteistreitigkeiten und Feststellungssachen würde eher die Formel des § 71 der Bay. VU. passen und Art. 107 der RV. nur dann brauchbar sein, wenn man die Behandlung der Parteistreitsachen nach württembergischen und österreichischen Vorbilde regelt und behandelt (hier S. 25). Der Idealzustand verlangt die Anfechtungsmöglichkeit gegenüber allen (schriftlichen) Anordnungen und Verfügungen (Verwaltungsakten), mögen sie einen Namen führen wie sie wollen, mögen sie ausgehen, von welcher Verwaltungsbehörde sie wollen (auch von Ministerien, s. S. 34), sofern durch den Verwaltungsakt in den Rechtskreis des Einzelnen eingegriffen wird. Der Entwurf des RVG. § 22 spricht zweckmäßig und einfach von verletzt „in seinen Rechten". Als Einzelne kommen auch Personenmehrheiten jeder Art, privat- und öffentlich-rechtlicher Natur, insbesondere die Gemeindeverbände (Gemeinden, Bezirke und Kreise des bayerischen Rechts) in Betracht. (s. auch Begründung zum Entwurf eines RVG. S. 23 (letzte Spalte.)

Was ist „Rechtskreis" oder „Rechte" im Sinne des § 22 E. des RVG.? Der Begriff umfaßt ohne Zweifel die gesamte Gruppe der einem Einzelnen zustehenden „subjektiven Rechte", die man namentlich in Württemberg als „Eigenrechte" bezeichnet. Der Begriff ist heute noch nicht eindeutig aufgestellt

Rechtsverhältnis Beherrschenden, auch der staatlichen Behörde nur insoweit, als das öffentliche Interesse es zuläßt. Jedenfalls ist die freie Verfügung des einen Partners, des Einzelnen, vielfach so gut wie ausgeschaltet. Auf dem Gebiete des Privatrechts stehen sich beide Partner völlig gleichberechtigt und verfügungsberechtigt mit allen Möglichkeiten und Auswirkungen des Verzichtes, Vergleiches, Vertrages usw. gegenüber. Der innere Wesensunterschied zwischen öffentlichem und privaten Recht zeigt sich in der Unmöglichkeit für beide Gebiete gleiche Prozeßordnungen anzuwenden. Die bisherige Trennung in öffentliches und Privatrecht ist also organisch geworden und zugleich innerlich begründet, leider aber noch nicht bis in ihre letzten Linien durchgeführt. Mit Recht führt hier Hofacker (in verschiedenen Schriften, insb. im „logischen Aufbau des deutschen Rechts" 1924) einen erbitterten Kampf gegen die ungesunde und ungerechtfertigte Überstreckung der Zivilrechtspflege auf Kosten des öffentlichen Rechtes, gegen die fortgesetzte Einmischung der Zivilrechtsprechung und gegen die damit verursachte Verwirrung von Justiz und Verwaltung (s. hier S. 39). Ferner unterliegt keinem Zweifel: Zur Ausübung richterlicher Tätigkeit sind die Besten gerade gut genug. Der ordentliche Richter ist aber nur Fachmann auf dem Gebiete des Zivil- und Strafrechtes und versteht vom Verwaltungsrecht etwa soviel wie ein „Ohrenarzt von der Augenheilkunde". Allerdings gibt es auch Allgemeinärzte, aber diese sind doch in der Hauptsache nur für Bagatellkrankheiten oder solche da, bei denen die Natur sich in der Hauptsache selbst helfen muß und wird. Sobald die Sache kitzlich wird, ertönt auch hier regelmäßig der Ruf nach dem Spezialisten. Trotzdem in Bayern die juristische Vorbildung sich auf das gesamte bürgerliche und Strafrecht und das öffentliche Recht erstreckt, hielt man in Bayern an der Notwendigkeit fest, daß zum Richter am Verwaltungsgerichtshofe nur Männer berufen werden, die auf eine langjährige Praxis und Erfahrung im aktiven Verwaltungsdienste zurückblicken können. Denn das für den Verwaltungsrichter neben tiefgehenden Rechtskenntnissen unbedingt notwendige Gefühl für verwaltungsrechtliches Denken und die Bedürfnisse der öffentlichen Verwaltung lassen sich nicht durch bloße Umgestaltung des juristischen Universitätsstudiums oder durch Einführung von publizistischen Kursen für die ordentlichen Richter in vollem Umfange gewinnen. (So Laun, 3. Deutscher Juristentag in der Tschechoslowakei, Verh. 1927, 252, 303, 311, Veröffentlichungen der Vereinigung Deutscher Staatsrechtslehrer, Leipzig, 1925, S. 106, dagegen Körner in Zf. ö. R. 1929 Bd. 8 231 ff.). Das allerdings wird man entschieden verlangen müssen, daß wenigstens das oberste Verwaltungsgericht, so wie das preußische, sächsische OVG. und der bayer. und württ. VGH., ein völlig unabhängiges Gericht ist, dessen Richter wie die Richter der ordentlichen Gerichtsbarkeit persönlich und sachlich völlig unabhängig gestellt sind, dessen Richter, beim VGH. nur nach vorheriger Anhörung des Richterkollegiums ernannt werden sollten. Ob und inwieweit dieser Forderung auch bei den Verwaltungsgerichten niederer Ordnung Rechnung zu tragen ist, darüber S. 39 ff.

und noch umstritten. Nach Dyroff, Kommentar VGG. 5. Aufl. S. 260 liegt ein subjektives Recht[22]) gegenüber dem Staate dann vor, wenn der Interessenschutz, den das objektive Recht einer Person (Untertan, Gemeinde usw.) unmittelbar oder mittelbar gewährt, von der Art ist, daß diesem Interessenten eine Willensmacht gegenüber dem richtenden oder verwaltenden Staate auf öffentlichrechtlichem Gebiete eingeräumt ist. Ein subjektives Recht ist aber auch eine entsprechende (analoge) Rechtstellung gegenüber einer anderen juristischen Person des öffentlichen Rechts (Gemeinde, höherer Kommunalverband, Kirchengemeinde usw.). Mit dem zweiten Satze seiner zutreffenden Begriffsbestimmung zielt Dyroff auf die echten Parteistreitigkeiten ab, auf die in der Hauptsache auch die Eingangsworte des Art. 8 des BayVGG. abgestellt sind, wonach Verwaltungsrechtssachen alle bestrittenen Rechtsansprüche und -Verbindlichkeiten sind. Bühler, Die subj. öff. R. S. 224, bestimmt den Begriff unter Weiterbildung der Gedanken und Definitionen G. Jellineks dahin: „subjektives, öffentliches Recht ist diejenige Stellung des Untertanen zum Staat, in der er auf Grund eines Rechtsgeschäftes oder eines zwingenden, zum Schutz seiner Individualinteressen erlassenen Rechtssatzes, auf den er sich der Verwaltung gegenüber soll berufen können, vom Staate etwas verlangen kann oder ihm gegenüber etwas tun darf". Analoge Rechte der Untertanen gäbe es „gegen die Gemeinden und andere Träger der öffentlichen Gewalt". Nach W. Jellinek VR. S. 190 ist das subj. öff. R. eine dem öffentlichen Recht angehörige Willensmacht, die dem Willensträger in seinem eigenen Interesse verliehen ist. Bühler hält in der Festgabe für Fleiner 1927 S. 36 seine Begriffsbestimmung vollständig aufrecht, auch Bühler in Württ. Z. 1922 S. 151 Anm. 1. Vom Boden dieser Begriffsbestimmung aus kann jedes Eigenrecht gegen den Staat oder einen anderen Träger der öffentlichen Gewalt auch als „Anspruch oder Rechtsanspruch" bezeichnet werden (Bühler, Die subj. öff. R. 226).[23])

Immer steht dem behaupteten Rechtsanspruch auf der Seite des A eine behauptete Verbindlichkeit auf der Seite des B gegenüber und auf derselben Seite stellt sich regelmäßig die unrechtmäßige Auferlegung einer Verpflichtung als Verletzung eines Eigenrechtes dar, nämlich frei von der Auflage und Verpflichtung zu sein. (Bühler, Die subj. öff. R. 137.) Hofackers Einwendungen gegen diese gekünstelte Konstruktion[24]) ist sicher insoweit Recht zu geben, als auf

---

[22]) Die „Befugnis" ist nur eine „Unterart des subjektiven öffentlichen Rechtes", was für diese gilt, gilt auch für sie" (Bühler a. a. O. 229). Auch ist der aus dem erhöhten Rechtsschutzbedürfnisse im alten Polizeistaat entwickelte Begriff „wohlerworbenes Recht" für unsere Aufgabe bedeutungslos. Es gibt kein sog. wohlerworbenes Recht, das nach der neuesten Rechtsprechung und wissenschaftlichen Begriffsbestimmung nicht zugleich unter den Begriff des „Eigenrechtes" fiele.

[23]) Auch hier kommt durch die noch nicht einheitliche Sprache, aber auch nicht einheitliche Tendenz der Gesetze viel Wirrwarr in die Sache. So wird manchmal der Ausdruck Anspruch in bewußtem Gegensatz zu Rechtsanspruch gebraucht, indem man unter einem Rechtsanspruch etwas mehr und etwas anderes versteht, als unter einem Anspruch, soviel wie die Befugnis, also ohne Rechtsanspruch, eine Leistung zu verlangen. Ein Beispiel beim sächs. OVG. im sächs. Jahrbuch Bd. 13 S. 311. Ferner ist dieselbe Forderung des Bürgers gegen die öffentliche Verwaltung in dem einen Staate als Eigenrecht ausgestaltet, während sie in dem anderen Staate nur der Reflex objektiven Rechtes ist. Fleiner, Inst. 4. Aufl. § 11 S. 163. Ebenso schleicht sich auch der „Gegensatz von „Rechten" und „echten" (wirklichen) Rechten ein. So bei Kormann in Hirth's Annalen 1911, 850; 1912, 36, 202.

[24]) „Der logische Aufbau" S. 33 und in WürttZ. 1922 S. 57, 1923 S. 109; hierzu Bühler daselbst 1922 S. 153 Anm. 5; siehe auch Piloty, verwaltungsrechtliches Denken in der Festgabe für O. Mayer, 1916 S. 91ff., insbesondere 103. Auch Coester geht in seinem sonst trefflichen Buche „Die Rechtskraft der Staatsakte" S. 20—24 bedenkliche Seitenwege, die in dem Satze gipfeln: „Weder im Strafprozeß, noch im Verwaltungsprozeß sind die Parteien Anspruchsgegner".

die vielfach selbständige Natur von Rechtsverpflichtungen zu wenig Gewicht gelegt wird. Deutlich drängt sich bei den Entscheidungen der obersten Gerichtshöfe das Gefühl auf, daß der Verwaltungsrechtsschutz, wenn er gesetzestechnisch auf den Schutz von Eigenrechten abgestellt wird, eingeschränkt wird. Daher ist der Antrag[25]) des Referats (24) zu erklären, daß an Stelle der Verletzung von subjektiven Rechten die Verletzung nur des objektiven Rechtes genügend sei und hier die Beschwerdeberechtigung nur durch die „Beteiligung" begrenzt werden soll. Immerhin wird zu empfehlen sein, den Ausdruck subjektives öffentliches Recht, rechtlich geschütztes Interesse, berechtigtes Interesse, im Gesetzestexte möglichst zu vermeiden und die Anfechtungsformel lediglich auf „verletzt in seinen Rechten" abzustellen, so auch § 22 des E. eines RVG. Der Begriff rechtlich geschütztes Interesse teilt seine Unklarheit mit dem des subjektiven öffentlichen Rechts. Er steht im Gegensatze zum tatsächlichen Interesse. Dabei umfaßt der Ausdruck rechtliches Interesse im gewissen Sinne mehr als der des rechtlich geschützten Interesses. Dieser Begriff ist formal-juristisch, denn nicht jedes rechtliche Interesse braucht vom Standpunkt der positiven Gesetzgebung aus rechtlich geschützt zu sein. Jener Ausdruck zieht seinen Begriff aus dem Inhalt des Verhältnisses. Für unsere Abhandlung kommt das im positiv gesetzlichen Sinne „rechtlich geschützte" Interesse allein in Frage und ist dem „Interesse" schlechthin (häufig auch als bloß tatsächliches Interesse bezeichnet) gegenüberzustellen.[26]) Der Ausdruck berechtigtes Interesse dürfte daher besser zu vermeiden sein, da er namentlich auf dem Gebiete des bürgerlichen Rechtes eine geringere Qualität aufweist, als das rechtliche Interesse (Mannigk, a. a. O. 303—305). Hat nun der Gesetzgeber ein tatsächliches Interesse für so wichtig gehalten, daß er es mit Bindung der Verwaltungsbehörde zum Gegenstande einer besonderen Regelung, einer Schutzbestimmung gemacht hat, so liegt ein rechtlich geschütztes Interesse, damit „ein Recht" vor. Das herauszufinden und namentlich von den sog. Reflexrechten des objektiven Rechts zu unterscheiden, kann im Einzelfalle recht schwierig sein. Beispiele verschiedener Auffassung zeigen die Entscheidungen der obersten Verwaltungsgerichtshöfe z. B. des preußischen, württembergischen, sächsischen. Im Hinblick auf die Formel der Anfechtungsklage (verletzt „in seinen Rechten" u. ä.) wird regelmäßig untersucht, ob das rechtliche Interesse ein (subjektives) Eigenrecht sei und, falls der Gerichtshof zur Verneinung dieser Frage kommt, die Beschwerde (Klage) wegen mangelnder Voraussetzung abgewiesen. Regelmäßig und mit Recht wird von den obersten Verwaltungsgerichtshöfen die Frage darauf abgestellt, ob der Interessenschutz nicht nur eine „zufällige" Folge der zum Schutz der Allgemeinheit erfolgten gesetzlichen Regelung, also nur eine Reflexwirkung des öffentlichen Rechtes, sondern auch der unmittelbare Zweck des Gesetzes mit der Folge sei, daß der so geschützte Dritte sich gegenüber der Behörde auf das Gesetz soll berufen können. Darauf scheint auch die Begründung zum E. eines RVG. S. 18 l. Sp. eingestellt zu sein, wonach die Verletzung einer Rechtsvorschrift des Reichsrechts zuungunsten eines einzelnen nur in Frage kommt, wenn der einzelne auf Grund des Rechts (Gesetz, Rechtsverordnung, Gewohnheitsrecht) einen eigenen Anspruch auf ein bestimmtes Verhalten der Behörde hat und Begründung S. 16 r. Sp.: „Nicht unbedingt erforderlich ist, daß die Anordnungen

---

[25]) Diese Forderung ist entschieden zu weitgehend, wenn nicht das Urteil des Württ. VGH im württ. Krankenhausstreite noch zahlreiche unerwünschte Nachfolger erleben soll (hier S. 41 bis 44, 57ff.

[26]) Hierzu namentlich neuestens Haller in WürttZeitschr. f. Rechtspfl. u. Verw. 1927 Bd. XX S. 33, ferner Mannigk, unter „Interesse" im Handwörterbuch für Rechtswissenschaften von Stier-Somlo-Elster, Bd. III 297.

gerade gegen den Beschwerdeführer ergangen sein müssen, sie müssen nur in seine Rechtssphäre eingreifen." Besonders auf dem Gebiete des Baurechts tauchen solche Zweifelsfragen auf. Das preußische OVG. (Bd. 78 S. 257 und die dort abgedruckten Entscheidungen, (dagegen wiederum Friedrichs, Verwaltungsrechtspflege Bd. II § 294) und (früher) der württembergische VGH. nehmen regelmäßig an, daß solche nachbarrechtliche Bestimmungen nur den Zweck hätten, die allgemeinen (polizeilichen) Interessen zu schützen und daß der Nachbar, zu dessen Gunsten sie mittelbar wirken, ihre Beachtung nur durch die ordentliche Verwaltungsbeschwerde zur Geltung zu bringen habe. Das sächsische OVG. und ebenso der braunschweigische VGH. dagegen gehen im Rechtsschutzinteresse des Einzelnen weiter und nehmen vielfach in solchen Fällen an, daß das Gesetz mit dem Schutz der Allgemeininteressen zugleich einen Schutz des einzelnen nachbarlichen Interesses bezweckt habe, mit der Wirkung, daß dieser gegenüber der Behörde ein Recht auf Beachtung seines Interesses habe und ihm somit auch der Rechtsschutz vor dem Verwaltungsrichter nicht versagt werden dürfe. Es sind das die von der (polizeilichen) Verfügung sog. (unmittelbar) „Mitbetroffenen". Zu diesem Begriff bekennt sich sonst auch z. B. das preuß. OVG. (s. Drews, preuß. PolR. S. 72). Bloße Reflexwirkungen auf den Interessenkreis Dritter genügen nicht. Die Bürgerklage (die Popularklage des quemlibet ex populo muß nach wie vor ausgeschlossen sein. Einzelnen Bürgern darf die Anfechtung (polizeilicher) Verfügungen nicht als Vertreterin der Allgemeinheit zustehen, sondern nur als Trägern eines besonderen sachlich-materiellen, in unmittelbarer Beziehung zum Streitgegenstand stehenden, vom Gesetzgeber besonders geschützten Interesses (vgl. hier die folg. Ausführungen über den württ. Krankenhausstreit und S. 27ff.). Das führt wohl manche dazu, einen rechtlichen Unterschied zwischen subjektivem Recht und rechtlich geschütztem Interesse überhaupt nicht anzuerkennen, z. B. Jhering, der das „subjektive Recht" geradezu als „das rechtlich geschützte Interesse" definierte (Stier-Somlo-Elster HWB. III 307 Z. 9). Schelcher: „Die menschlichen Lebensinteressen sind entweder rechtlich geschützte Interessen, dann sind es Rechte, oder sie sind nicht unter den Schutz der Rechtsordnung gestellt, dann genießen sie auch keinen rechtlichen Schutz und ihre Beeinträchtigung durch Ausübung der öffentlichen Gewalt enthält keine Rechtsverletzung. Bloße Interessen sind weder im Privatrechtsverkehr, noch im Verhältnisse der Untertanen zum Staate Gegenstand rechtlicher Beziehung und Regelung." (In Fischers Zeitschrift Bd. 52 S. 138, siehe auch Binder, Prozeß und Recht 1927 S. 340). Die obersten Verwaltungsgerichtshöfe schwanken noch. Über Beispiele aus der Rechtsprechung siehe u. a. bei Bühler, die subj. öff. Rechte S. 45, 304, 346ff., 439, 445, 478, 497 Anm. 343. W. Jellinek, Verwaltungsrecht S. 191/192, 286, Apelt VRpflG. 2. Aufl. S. 232.

Der Stuttgarter Krankenhausstreit.

Zu erwähnen ist hier als warnendes Beispiel der Krankenhausstreit in Stuttgart, der zu zwei verfehlten Urteilen des Württembergischen Verwaltungsgerichtshofes und zu einer Schwenkung des Württ. Verwaltungsgerichtshofes in seiner bisherigen Grundrichtung Anlaß gegeben hat.[27])

Der Stuttgarter Gemeinderat erteilte die baupolizeiliche Genehmigung zur Erweiterung eines Stuttgarter homöop. Krankenhauses mit der Bedingung der

---

[27]) Hierzu Zeitschr. f. freiw. Gerichtsbarkeit und Jahrbücher der württ. Rechtspfl. = WürttZ., 64. Jahrg. (1922) S. 27, 49, 145, 150; 65. Jahrg. (1923) S. 103.

Nichtaufnahme von Personen mit ansteckenden Krankheiten und von Geisteskranken. Die Beschwerde einer Nachbarin wurde vom Ministerium des Innern als unbegründet abgewiesen. Auf die Rechtsbeschwerde der Nachbarin wurde diese Entscheidung des Ministeriums durch Urteil des VGH. vom 13. Juli 1921 außer Wirksamkeit gesetzt. Art. 95 der BauO. gewähre ein förmliches Eigenrecht des Nachbarn auf Schutz gegen Ansteckungsgefahr und schwere Gefahren, Nachteile oder Belästigungen. Die vom Krankenhaus abgegebene Zusicherung, keine Personen mit ansteckenden Krankheiten und keine Geisteskranken aufzunehmen, biete keinen genügenden Schutz der Nachbarschaft gegen Ansteckungsgefahr, eine Vorschrift, die die Einhaltung der Erklärung bezwecke, reiche hiefür nicht aus, auch würde die Einrichtung des Krankenhauses die Nachbarin schwer benachteiligen. Die Nichtigkeitsklage des Ministeriums gegen dieses Urteil wurde weiterhin durch Urteil des Verwaltungsgerichtshofes vom 16. Nov. 1921 als unbegründet abgewiesen. Art. 95 Abs. 1 der Württ. BauO. (s. Kälber-Mörike, die Württ. BauO. v. 28. Juli 1910 Stuttg. Heß'scher Verl. 1912 Bd. I S. 95) lautet: „Für Bauten, bei denen vermöge ihrer eigenartigen Beschaffenheit oder Bestimmung die allgemeinen baupolizeilichen Vorschriften nicht genügen, um Leben, Gesundheit und Eigentum zu schützen und die Besitzer oder Bewohner der benachbarten Grundstücke oder das Publikum überhaupt vor schweren Gefahren, Nachteilen oder Belästigungen zu bewahren, sind von der Baupolizeibehörde hinsichtlich der Stellung, Höhe, Bauart oder Einrichtung, strengere als die den allgemeinen polizeilichen Bestimmungen des Gesetzes (Art. 1 Abs. 1) entsprechenden Vorschriften insoweit zu erteilen, als es zur Abwendung der aus der besonderen Art der Anlage sich ergebenden Gefahren, Nachteile oder Belästigungen geboten erscheint." Als solche Bauten sind nach Abs. 2 a. a. O. Krankenhäuser anzusehen. Der Gesetzgeber hält hier gegenüber einer bestimmten Gruppe von Bauten insbes. von Krankenhäusern das Interesse des Publikums und von Einzelpersonen (Besitzer und Bewohner der benachbarten Grundstücke) für so schutzbedürftig, daß er bei gegebener Voraussetzung, wenn nämlich die allgemeinen Bauvorschriften zur Beseitigung der Gefahr nicht ausreichen sollten, einen bestimmten Gesetzesbefehl an die Behörde dahingehend erteilt, dann an Stelle der allgemeinen Bestimmungen der Bauordnung strengere Vorschriften anzuwenden; hier wiederum die Art und den Umfang der strengeren Bestimmungen dem Ermessen der Verwaltungsbehörde überlassend, insoweit nämlich, als dies zur Abwendung der erhöhten Gefahr geboten erscheint, und falls auch dieses nicht hinreichen sollte, die Erlaubnis ganz zu versagen.

Der württ. VGH. gewährt den Besitzern und Bewohnern benachbarter Gebäude einen Rechtsanspruch auf verwaltungsrichterliche Nachprüfung der Beobachtung des Art. 95 der württ. BauO. und zwar lediglich aus dem Grunde, weil neben dem Publikum auch diese Beteiligtengruppe vom Gesetz ausdrücklich genannt ist. Denn die weiterhin angeführten Gründe sind nach seiner eigenen Ausführung und nach Ausführungen Bühlers für Begründung des Eigenrechtes nicht ausreichend und ausschlaggebend. Das letztere ist sicher richtig, das erstere ebenso sicher unrichtig. Art. 95 BauO. gibt mit den Worten „sind zu erteilen" der Behörde die Weisung, falls nach ihrer Überzeugung die Gefahren eines beabsichtigten besonderen Baues durch Auflagen nach der allgemeinen BauO. nicht beseitigt werden können, strengere Vorschriften anzuwenden und, wenn nach ihrem Ermessen auch durch strengere Vorschriften die Gefahren nicht bezwungen werden können, das Gesuch ganz abzulehnen. Daß mit dieser Weisung für die Besitzer und benachbarten Bewohner noch kein Rechtsanspruch begründet ist, sondern (höchstens) eine Weisung des Gesetzes an die Behörde bei gegebenen Voraussetzungen nach bestimmter Richtung tätig zu werden, geben das Urteil und Bühler selbst zu. Im übrigen unterläßt es Art. 95, die Gefahren, Nachteile oder Belästigungen, die die Versagung der erbetenen Genehmigung oder die Erteilung derselben unter den Bedingungen der allgemeinen Bauordnung oder unter strengeren, nach Ermessen der Behörde festzusetzenden Bedingungen rechtfertigen, näher zu umgrenzen und zu bestimmen; sie hat vielmehr die Erwägung, ob ein unter Abs. 2 fallender Bau schwere Gefahren, Nachteile oder Belästigungen für das Publikum und die Nachbarschaft herbeiführen könne, und die Entscheidung darüber, ob nach dem Ergebnis dieser Würdigung die Versagung auszusprechen oder die Genehmigung unter mehr oder weniger strengeren Bedingungen zu erteilen sei, in das freie Ermessen der Behörden der aktiven Verwaltung gelegt. Dieses freie Ermessen ist seinem Grad nach hier etwas enger umgrenzt wie sonst, es ist insofern mehr gebunden, mehr arbiträrer Natur, als die Verwaltungsbehörde hier mehr auf das Gutachten der Sachverständigen wird angewiesen sein; allein damit wird dieses Ermessen, nicht zum richterlichen Ermessen (hier d). Die Verwaltungsbehörde ist an die Gutachten der Sachverständigen nicht schlechthin gebunden; sie hat das Recht der freien Würdigung. Kommt die Baubehörde auf Grund der Würdigung der erholten Gutachten der Sachverständigen und sonstigen Beweiserhebungen zur Überzeugung, daß die Gefahren derart groß sind, daß sie mit den Bestimmungen der allgemeinen Bauordnung nicht ausreichend bekämpft werden können, so soll sie im Sinne des Art. 95 BauO. das Gesuch noch nicht abweisen, sondern versuchen, durch Auflage strengerer Weisungen die drohenden Gefahren usw. zu meistern. Der Ausdruck „sind zu erteilen" bedeutet also vielmehr einen größeren Schutz für den Bauenden selbst. Aber auch hier ist die Bestimmung der Art und des Umfanges der strengeren Bedingungen völlig dem freien Ermessen der Verwaltungsbehörde vom Gesetzgeber überlassen. Es bestehen für dieses Ermessen nach keiner Richtung strengere Bindungen, als wie sie für die Ausübung jeden freien Verwaltungsermessens unter dem Blickwinkel der „gesetzmäßigen Verwaltung" gegeben sind. Aus dem Umstande, daß neben dem Publikum noch die Besitzer und Bewohner der benachbarten Grundstücke benannt sind, ist nicht zu schließen, daß der Art. 95 dieser Sondergruppe des Publikums einen besonderen Rechtsanspruch auf Beachtung des Art. 95 einräumen will, sowenig als dieses bei den in § 16 und § 30 Abs. I Buchst. d der RGewO. neben dem Publikum benannten Sondergruppen von Nachbarn der Fall ist. Denn die Interessen, die hier geschützt werden sollen, decken sich gegenseitig vollständig, mag man sie vom Gesichtspunkte des Publikums oder vom Gesichtspunkte der Sondergruppe aus betrachten. Die Belange der Sondergruppen werden durch Wahrung der Belange des Publikums mitgedeckt und mitgeschützt und umgekehrt. Damit kann die Rechtsprechung des sächsischen OVG. durchaus in Einklang gebracht werden, indem dort ein Rechtsanspruch von Nachbarn immer nur dann angenommen wurde, wenn die sächsische Bauordnung eine eigens auf die nachbarliche Beziehung zugeschnittene Bestimmung enthält. (Nachweise bei Bühler selbst in „Die subj. öff. R." S. 439ff. z. B. bei § 95 — seitlicher Grenzabstand bei offener Bauweise — bei § 97 Abs. 2 — Mindestabstand für Lichtöffnungen, Balkone von gewissen Grenzen —, § 98 — zulässige Höhe der Vordergebäude und der sie überragenden Dachaufbauten —, usw.; auch W. Jellinek VR. S. 191/192.) Übrigens hat auch das sächsische OVG. Bd. 1 S. 235 (bei Bühler a. a. O. S. 427) den Grundstücknachbarn ein Verbietungsrecht gegen Errichtung eines öffentlichen Krankenhauses versagt. Nach unserer Auffassung hat also der württembergische VGH. eine äußerst bedenkliche Schwenkung in seiner bisherigen Rechtsauffassung vorgenommen und hat in dem Streitfall Hofacker recht, dagegen der württembergische VGH. unrecht. (Siehe insbesondere bayer. VGH. 34 S. 221; 41 S. 43; 44 S. 77; 48 S. 4; 49 S. 25, 39; ferner Apelt, Das sächsische Verwaltungsrechtspflegegesetz, 2. Aufl. § 73 Anm. 17; Roth, badische Landesbauordnung, 3. Aufl. Einl. VI, F, f S. 53; Goez, VRpfl. in Württ. 1902 S. 436.)

Formel für die Anfechtungssachen; die Parteistreitsachen und Feststellungssachen.

c) Was die Formel anlangt, so wird bei Anfechtungssachen jedenfalls die Aufzählung vermieden werden müssen, wenn man die rechtsstaatliche Forderung nach möglichster Sicherung des Rechtsschutzes des Staatsbürgers erfüllen will, da jede, auch die vorzüglichst ausgebaute Aufzählung eine naturgemäße Beschränkung enthält und wenn man das Verwaltungsgerichtsgesetz möglichst einfach gestalten will. Die in Leipzig im März 1925 versammelten Staatsrechtslehrer (Veröff. d. Vereinigung der Staatsrechtslehrer 1925 Heft 2, vorl. Bericht hierüber von Stier-Somlo im Archiv für öff. R. Bd. IX, 103) erklärten sich einmütig für Einführung der Generalklausel. Auf dem 3. Deutschen Juristentage in der Tschechoslowakei Verhandl. 1927 S. 228ff. 232, äußerte Dr. Mannlicher, Wien: „Ich kann ein gewisses Erstaunen, aufrichtig gesagt, nicht unterdrücken, wenn ich höre, daß die Frage der Generalklausel im Reiche dauernd noch immer zu theoretischen Erörterungen Anlaß gibt und daß sich teilweise Stimmen dagegen geltend machen. Wir haben die Generalklausel in der weitesten Form und sie hat sich durchaus bewährt." Auch Gutachter Rechtsanwalt Dr. Jarolim a. a. O. S. 120 schloß sich dem an und bezeichnete die Generalklausel als das Ideal des Rechtsstaates. Der angenommene Leitsatz 4 S. 302 lautete: „Die Abgrenzung der Zuständigkeit des obersten Verwaltungsgerichts durch die clausula generalis des § 2 des Gesetzes über den Verwaltungsgerichtshof hat sich durchaus bewährt." Auch soweit ich sonst das Schrifttum überblicke, scheint die Zweckmäßigkeit einer Generalklausel allgemein anerkannt zu werden. Soweit sich Stimmen dagegen erheben, ist das auf die Schwierigkeit, eine geeignete Formel zu finden, zurückzuführen. Jellinek bemerkt zur Generalklausel des § 9 des hamb. Verwaltungsgerichtsgesetzes vom 2. Nov. 1921 GVBl. 585: „Damit erst hat § 13 GVG. ein vollwertiges verwaltungsgerichtliches Gegenstück erhalten." (Veröff. S. 36). Auf der Reichenberger Tagung (Verhandl. S. 222) äußerte sich Drews im unmittelbaren Anschluß an seine Forderungen der Abgrenzung der verwaltungsgerichtlichen Zuständigkeit durch eine Generalklausel wie folgt: „Die Idee, die der Verwaltungsgerichtsbarkeit zugrunde liegt, ist die, daß sie dienen soll zum Schutz des Publikums gegen Maßnahmen der Verwaltungsbehörden. So steht es jetzt in Art. 107 der Deutschen RVU. Damit ist das Wesen der Verwaltungsgerichtsbarkeit sehr gut ausgedrückt." (Auch Drews in DJZtg. 1925 Sp. 918ff., Thoma in Z. f. öff. R. V, 1. Heft S. 28ff. u. W. Jellinek VR. S. 303.) § 9 des Hamb. Gesetzes vom 22. Nov. 1921 (Hamb. GVBl. 585) lautet: „Das Verwaltungsgericht entscheidet über die Anfechtung von Anordnungen oder Verfügungen der Verwaltungsbehörden sowie in sonstigen Streitigkeiten des öffentlichen Rechts, soweit nicht gesetzlich ein anderes bestimmt, insbesondere die Entscheidung dem Senate besonders übertragen oder ein besonderer, den Rechtsweg ausschließender Rechtszug angeordnet ist." Das Hamburg. Gesetz bringt dann in den folgenden §§ 10 und 15 noch einen Katalog solcher verwaltungsgerichtlicher Streitigkeiten, indem diese mit „insbesondere" und „ferner" also beispielsweise angeführt werden, so die Anfechtung von Verwaltungsakten, die die Grundrechte und Grundpflichten der Deutschen betreffen, Streitigkeiten über öffentliche Abgaben, Gebühren,

Beiträge, Umlagen oder Kosten; Ansprüche gegen den Staat, Anstalten oder Körperschaften des öffentlichen Rechts aus dem Gemeingebrauch an Straßen, Plätzen, Wegen, Gewässern usw.; über die Verpflichtung zur Herstellung oder Unterhaltung von Strom- und Uferbauten, Deichen und öffentlichen Straßen, Wegen oder Wasserläufen; über öffentlich-rechtliche Grunddienstbarkeiten oder Eigentumsbeschränkungen; Streitigkeiten zwischen Fürsorgeverbänden über öffentliche Unterstützung Hilfsbedürftiger; zwischen Fürsorgeverbänden und den von ihnen Unterstützten oder deren Angehörigen über Rückerstattung öffentlicher Unterstützungen, über Ansprüche gegen die Fürsorgeverbände aus dem Grunde auftragsloser Geschäftsführung, für Streitigkeiten, für die reichsgesetzlich ein Rekurs oder Verwaltungsstreitverfahren angeordnet oder für zulässig erklärt ist. Hienach ist die Generalklausel des § 9 auch für die Zuständigkeit in einer Reihe von sog. echten Parteistreitigkeiten gewährt. — § 15 bringt noch eine ergänzende Generalklausel: „Soweit das Verwaltungsgericht für Streitigkeiten über Vermögensleistungen zuständig ist, ist es auch für Streitigkeiten über die Rückerstattung mit Unrecht bewirkter Leistungen zuständig.“ Ähnlich ist die Zuständigkeit geregelt im Lübecker Gesetz über die Verwaltungsgerichtsbarkeit vom 12. Dez. 1916 § 4ff. (Samml. d. LGes. u. V. 1916 S. 137), ferner im Bremer Gesetz vom 6. Jan. 1924 § 8ff. (GVBl. 1924 S. 23). Laun-Hamburg erklärte auf der Reichenberger Tagung (Verhandl. S. 253): „Wir haben in Hamburg die Generalklausel im Jahre 1922 eingeführt und sie hat sich bewährt, sodaß kein Mensch sie durch die Enumerationsmethode ersetzen will.“[28])

In Nachbildung der Hamburger Klausel schlägt Paul Wigger in seiner Broschüre: „Das Reichsverwaltungsgericht“ S. 119 vor: „Die Verwaltungsgerichte entscheiden über alle Streitigkeiten des öffentlichen Rechts, soweit diese nicht auf den Angelegenheiten des Disziplinarrechts beruhen. In Sachen des Finanzrechts entscheiden die Verwaltungsgerichte nur dann nicht, wenn die Finanzgerichte ausdrücklich gesetzlich für zuständig erklärt sind.“ Art. 13 Abs. 1 des württ. VRpflG. lautet: „Außerdem entscheidet der Verwaltungsgerichtshof vorbehaltlich der hiernach bezeichneten Ausnahmen über Beschwerden gegen Entscheidungen oder Verfügungen der Verwaltungsbehörden, wenn jemand, sei es eine einzelne Person, ein Verein oder eine Korporation, behauptet, daß die ergangene, auf Gründen des öffentlichen Rechts gestützte Entscheidung oder Verfügung rechtlich nicht begründet oder daß er hierdurch in einem ihm zustehenden Recht verletzt oder mit einer ihm nicht obliegenden Verbindlichkeit belastet sei.“ Art. 129 des österr. Bundesverfassungsgesetzes vom 1. Okt. 1920 in der Fassung des § 31 der Novelle vom 30. Juli 1925 (Bundesgesetzbl. 1925 S. 927ff.) lautet: „Abs. 1: Der Verwaltungsgerichtshof erkennt über Beschwerden gegen Bescheide (Entscheidungen oder Verfügungen) der Verwaltungsbehörden.

Abs. 2: Gegen den Bescheid einer Verwaltungbehörde kann Beschwerde erheben,

1. wer durch den Bescheid in seinen Rechten verletzt zu sein behauptet: Wegen Rechtswidrigkeit,
2. wer Anspruch hatte an dem, dem Bescheide zugrunde liegenden Verfahren als Beteiligter teilzunehmen und an dem Verfahren tatsächlich teilgenommen hat: Wegen eines gesetzlich vorgesehenen Nichtigkeitsgrundes oder Verletzung zwingender Rechtsnormen, wegen eines Verbots oder gebotswidrigen oder rechtlich unmöglichen Inhalts usw.

---

[28]) Daß die Verhältnisse in einem auf ein verhältnismäßig kleineres Gebiet zusammengedrängten Stadtstaat vielfach anders liegen und anders zu beurteilen sind, daher auch anders geregelt werden können, wie in größeren Staaten, bedarf wohl keiner näheren Ausführung.

Nach § 127 des preuß. Landesverwaltungsgesetzes hat der oberste Gerichtshof auf die Klage des durch eine Polizeiverfügung Betroffenen zu prüfen:

1. ob der angefochtene Bescheid durch Nichtanwendung oder nicht richtige Anwendung des bestehenden Rechtes den Kläger in seinen Rechten verletze,
2. ob die tatsächlichen Voraussetzungenn vorhanden sind, welche die Behörde zum Erlaß der Verfügung berechtigt haben würde.

Ziff. 1 umfaßt die Nachprüfung der Polizeiverfügung in ihrem Einklang mit Verordnungen, Gemeindesatzungen und Gewohnheitsrecht (Verletzung des bestehenden Rechtes).

Ziff. 2 bedeutet die Klarstellung, daß mit der durch Ziff. 1 bezweckten Beschränkung auf Rechtskontrolle nicht wie bei der Revision auch die Tatfragen, sondern nur die Ermessensfragen ausgeschlossen sein sollen. Würde von einer Behörde ein Gesetz durchaus richtig auf einen unrichtig angenommenen Tatbestand angewendet, so würde eben Rechtsverletzung vorliegen. Allein Ziff. 2 des § 127 Preuß. LVG. hat über die Restkontrolle hinaus zu einer Ermessenskontrolle geführt. Indem das Erfordernis des „verletzt in seinen Rechten" nur in Ziff. 1 des § 127, III LVG., nicht aber in Ziff. 2 enthalten ist, hat das OVG. Polizeiverfügungen, die nach der tatsächlichen Seite angegriffen waren, auch vom Ermessensstandpunkte aus geprüft, also im weiteren Sinne, als es der Gesetzgeber an sich gewollt hatte (Bühler d. subj. ö. R. S. 307, 315—317; Stengel-Fleischmann, StWB. Bd. III S. 746, Fleiner, Instit. 5. Aufl. S. 247). Daß aber die Ermessenskontrolle schlechthin dem Verwaltungsrichter nicht übertragen werden kann und darf, wird weiter unten gezeigt werden. Es wird also bei der Fassung der Formel jedenfalls der Fehler des preuß. Gesetzes vermieden werden müssen und ähnlich wie in § 4 des bad. Gesetzes vom 14. Juni 1884 und § 9 des braunschw. Gesetzes vom 5. März 1895 „das verletzt in seinen Rechten" auch auf Ziff. 2 zu beziehen sein. Für Anfechtungssachen dürfte als Formel[29]) die von § 73 des E. eines RVG. gewählte zu empfehlen sein:

„Die Klage kann nur darauf gestützt werden, daß der Kläger in seinen Rechten verletzt sei, weil

a) bei Erlaß der angefochtenen Anordnung oder Verfügung das bestehende Recht auf den festgestellten Sachverhalt nicht oder nicht richtig angewendet worden sei,
b) die tatsächlichen Voraussetzungen nicht vorhanden seien, welche die Verwaltungsbehörde zum Erlasse der Anordnung oder Verfügung berechtigt haben würden."

Für echte Parteistreitsachen und Feststellungssachen wäre eine, dem Art. 13 württ. VRpflG. oder dem Art. 129 des österr. BVG. oder dem § 73 des E. RVG. angepaßte Formel brauchbar, jedoch nur, wenn in diesen Fällen wie in eines Württemberg und Österreich eine besondere Verwaltungsgerichtsbarkeit unter dem höchsten Verwaltungsgerichtshofe nicht eingerichtet wird. Wird aber für Parteistreitsachen und Feststellungssachen die ursprüngliche Verwaltungsgerichtsbarkeit eingeführt, so kann es zwecks Anrufung der höheren Rechtsstufe und des höchsten Verwaltungsgerichtshofes nur die Berufung oder Revision (s. auch §§ 27 ff und § 84 E. eines RVG. in Verbindung mit § 41 UWG.) geben. Immerhin ist hier die Frage zu behandeln, ob nicht für Anrufung der ersten Rechtsstufe eine Generalklausel eingeführt werden sollte. (Ref. Apelt 23 oben, 37 Mitte.)

---

[29]) Über die Bezeichnung des Rechtsschutzmittels s. S. 9 Anm. 13 u. S. 36.

Die Gründe, die für und gegen eine Enumeration sprechen, sind zu bekannt, als daß sie des näheren ausgeführt zu werden bräuchten. Hier handelt es sich um die Frage, ob es möglich wäre, eine geeignete Generalklausel für Parteistreitsachen aufzustellen, ähnlich, wie sie § 13 GVG. für die Zivilrechtspflege bietet. Eine dem Art. 107 RV. angepaßte Formel dürfte zu sehr auf die Anfechtungsklage hinauslaufen, während für echte Parteistreitigkeiten nur die Berufungs- oder die Revisionsformel brauchbar erscheint und für die erste Rechtsstufe die Anfechtungsformel nur brauchbar wäre, wenn man einen Verwaltungs(vor)bescheid vorausgehen ließe, wie es Apelt's Ref. 37 empfiehlt. Auch der in der Hamb. und Wigger'schen Formel vorkommende Ausdruck „Streitigkeiten des öffentlichen Rechts" ist zu allgemein und nicht genügend auf den Schutz von Eigenrechten abgestellt. Es dürfte vielleicht folgende Formel zu erwägen sein: „Die Verwaltungsgerichte entscheiden über bestrittene Rechtsansprüche und Verbindlichkeiten auf dem Gebiete des öffentlichen Rechtes, soferne nicht eine Anfechtungsklagesache nach Art. ... in Frage steht und vorbehaltlich solcher Streitigkeiten, für welche durch Reichs- oder Landesgesetz die Zuständigkeit der ordentlichen Gerichte, von besonderen Gerichten, Finanzgerichten, Versicherungsbehörden und Versorgungsgerichten vorgesehen ist." Dazu käme noch eine besondere Formel für die Feststellungsklagen, ähnlich wie sie im Hamb. Gesetz § 20 vorgesehen ist. Allein, zu einer Generalklausel scheint mir die Zeit noch nicht reif zu sein. Ihre Einführung setzt vorher mindestens eine genaue Überprüfung und Einstellung der einzelnen Verwaltungsgesetze auf diese Generalklausel d. h. auf „Rechtsansprüche und Verbindlichkeiten" voraus. Der Gesetzgeber müßte genau und unzweideutig durch Gebrauch derselben Worte zum Ausdruck bringen, wo er im Einzelfall und wem er Rechtsansprüche gewähren will, ähnlich ist es mit den Verpflichtungen. Hier fehlt es noch an einer klaren, unzweideutigen Gesetzessprache und Gesetzestechnik, wie jetzt in einzelnen Fällen die verschiedenen auseinandergehenden Meinungen beweisen (siehe oben S. 20). Insolange dies nicht erfolgt ist, würde eine Generalklausel große Unsicherheit und Unruhe in die Verwaltung bringen. Es könnte jeder den Behörden der inneren Verwaltung jederzeit und in jeder Lage durch Erhebung eines Rechtsanspruches bei einem Verwaltungsgerichte in den Arm fallen und es müßte die Streitsache (event. bis zur höchsten verwaltungsrichterlichen Instanz), mindestens die Zuständigkeitsfrage (hier nötigenfalls durch eine eigens hiefür eingerichtete Kompetenzkonfliktstelle) ausgetragen sein, ehe die Verwaltungsbehörde wieder ihre Tätigkeit aufnehmen könnte (s. auch S. 42). Auch ohne Klage oder Antrag müßte von Amts wegen in allen Fällen von der Verwaltungsbehörde die Frage geprüft werden, ob nicht die Generalklausel zuträfe und die Zuständigkeit des Verwaltungsgerichtes begründet sei, eine Aufgabe, die bei einer Generalklausel viel schwieriger wäre und zu Zweifel viel häufiger Anlaß gäbe als bei der Enumeration. Einigermaßen Klarheit über die Fälle, in denen Rechtsansprüche und Verbindlichkeiten in Betracht kommen können, wird jetzt durch die Aufzählung gebracht. Wenn auch hier noch in Ermangelung einer völlig eindeutigen Ausdrucksweise unserer Verwaltungsgesetze hinsichtlich der Gewährung von Rechtsansprüchen (besser ist es noch mit der Auferlegung von Verpflichtungen bestellt), manches zweifelhaft sein wird, so wird doch die vom Gesetze selbst betätigte Aufzählung der Verwaltungsstreitsachen das Erkennen der wirklichen Eigenschaft einer Sache, ob reine Verwaltungssache oder Verwaltungsstreitsache, für die Beteiligten und die Verwaltungsbehörde wesentlich erleichtert, auch dem Richter die bei einer Generalklausel zu leistende Kleinarbeit teilweise abgenommen und hierdurch viel Arbeit, Zeit und Kosten erspart.

Überprüfung des Ermessens.

d) Wie steht es nun mit der Frage der **Überprüfung des Ermessens**? Das Referat Apelt S. 27 macht einen Unterschied zwischen dem obersten Verwaltungsgericht und den Verwaltungsgerichten niederer Ordnung. Das erstere soll die Ermessensfragen nicht nachprüfen können, diese nur dann, wenn das Ermessen nach Anweisung der höchsten oder besonders bestimmten, höheren Verwaltungsbehörde oder vom Selbstverwaltungskörper in ihren eigenen Geschäften gehandhabt worden ist. Die Zuständigkeitsgrenze zieht also Apelt nicht mittels einer nach sachlichen Gesichtspunkten aufgestellten Formel, sondern nach der formalen Zuständigkeit der Behörden (25). Es ist ganz unmöglich, im Rahmen dieser Abhandlung auch nur einigermaßen dem bedeutsamen schwierigen Problem der richterlichen Überprüfung des Verwaltungsermessens[30]) gerecht zu werden. Immerhin muß, wenn auch in kurzen Umrissen, eine Stellungnahme gewonnen und begründet werden.

„Ermessen" ist die Wahl zwischen mehreren Mitteln, durch die eine Pflicht oder Bedingung erfüllt oder ein Zweck erreicht werden kann." (Friedrichs im HWB. von Stier-Somlo-Elster II 337). Diese Begriffsbestimmung trifft für das richterliche Ermessen, wie für das freie Verwaltungsermessen zu. Demzufolge ist richtig, daß zwischen richterlichem und freiem Verwaltungsermessen an sich kein begrifflicher, kein qualitativer, sondern nur ein Gradunterschied, ein quantitativer besteht. Ebenso richtig ist aber auch, daß die unbeschränkte Nachprüfung des freien Verwaltungsermessens durch die Verwaltungsrichter also insbesondere die unbeschränkte Nachprüfung von Fragen der Notwendigkeit für eine gesunde, freie Verwaltung absolut untragbar wäre. Eine solche Regelung würde mit dem verfassungsmäßigen Grundsatz der Ministerverantwortlichkeit gegenüber dem Landtage unvereinbar sein, denn wegen der Unabhängigkeit der Verwaltungsgerichte sind ihre Entscheidungen dem Einflusse der Organe der öffentlichen Gewalt entzogen (Bay. VU. § 71: Ihre Erkenntnisse binden auch die Organe der öffentlichen Gewalt). Damit würde, insoweit die Rechtskraft der Urteile der Verwaltungsgerichte reicht, die politische Verantwortlichkeit der Regierung eingeschränkt. „Die allgemeine Tendenz, den Verwaltungsgerichten Ermessensfragen in zunehmendem Umfange zugänglich zu machen", erscheint vom Standpunkt des Rechtsschutzgedankens aus durchaus nicht richtig und für die öffentliche Verwaltung nicht erträglich (Ref. 25 oben). Der Bay. Altmeister Brater hat in seinem Ausschußberichte vom 13. März 1868 im bayer. Abgeordnetenhause (Verh. d. K. d. Abg. 1866/68 Beil. Bd. 4 S. 169ff., teilweise auch abgedruckt bei Kahr, Komm. z. Bay. VGG. 1879 S. XXXVII und 81; siehe auch Dyroff,

---

[30]) Über Ermessensfragen speziell siehe: Stier-Somlo, Das freie Ermessen in Rechtsprechung und Verwaltung in Festgabe für Laband 1908 II 445, 511, 513; Laun, Das freie Ermessen und seine Grenzen 1910; Tezner, Die deutschen Theorien der Verwaltungsrechtspflege S. 215, 217ff.; Tetzner, Das freie Ermessen in den Wiener staatswissenschaftlichen Studien, Neue Folge Bd. VI, kritisch besprochen von Lamp, in Kritischer Vierteljahrsschrift, 3. Folge Bd. 22, 528; G. Jellinek, System der subjektiven öffentlichen Rechte S. 67ff.; W. Jellinek; Gesetz, Gesetzesanwendung und Zweckmäßigkeitserwägung 1913; in Arch. f. ö. R. (1914) Bd. 32 S. 580ff., Verwaltungsrecht 1927 S. 27ff., 291; Seydel, Bay. Staatsrecht, 2. Aufl. 1896 I, 576, III 412ff.; Bühler, Die subj. öff. R. 21ff., 162, 175, 199, 387, 522; Fleiner, Instit. § 11, Hernritt, Grundlehren des Verwaltungsrechts 1921 S. 291ff.; Nawiasky, Bay. Verf.-R. § 50; Hofacker u. a. in „Selbstverwaltungs- und Strafrechtsreform S. 234ff.; Hatschek, Instit. des preuß. Verwaltungsrechts S. 413; Thoma in VArchiv Bd. 20 S. 444; Laband in Arch. f. ö. R. Bd. 19, 614; Dyroff, VGG. Art. 8 Anm. 2a, Art. 13 Anm. 8 u. 10, S. 269, 289, 506, 668; Braunwart in Bl. f. adm. Pr. Bd. 71 S. 6/7; Mohrhart, ebenda S. 65ff.; Rottmann in GemVZtg. 1923 Nr. 28—32 Sp. 590ff., 616ff.; Vervier in GemVZtg. 1923 Sp. 394, 601; Merkl, Allg. VerwR. 1927 S. 140ff.

VGG. 5. Aufl. Art. 13 Anm. 10 S. 507), in grundlegender Weise bemerkt: „Soweit gesetzlich das freie Ermessen der Verwaltung reicht, kann durch ihre Maßregeln kein „Recht" verletzt, mithin auch kein Rechtsschutz gegen diese Maßregeln gewährt werden; an der Grenze des adm. Ermessens aber beginnt das Recht und das Bedürfnis einer unparteiischen gründlichen gleichmäßigen Rechtsprechung." Von der sella curulis aus nahm der Verwaltungsgerichtshof in der Entscheidung Bd. 44 S. 76 zu diesem ganzen Fragenkomplex Stellung und stellte folgenden Leitsatz seiner Entscheidung voraus: „Wenn der Gesetzgeber eine Rechtsgrenze zwischen der Behörde und dem Einzelnen zieht, hat der Verwaltungsgerichtshof diese Grenzen zu finden, gleichviel ob der Gesetzgeber einen klaren, die in Betracht kommenden Tatsachen erfassenden Ausdruck gebraucht, oder eine ganz allgemeine Fassung seines Gedankens wählt. Soweit[30a]) aber nach Feststellung der Rechtsgrenze das Gesetz zuungunsten des Einzelnen noch die Möglichkeit offen läßt, zu versagen oder zu genehmigen, liegt freies Verwaltungsermessen vor, dessen Würdigung dem Verwaltungsgerichtshof entzogen ist." Damit hat der Verwaltungsgerichtshof auch zur Frage „der unbestimmten vagen" Begriffe eines Gesetzes Stellung genommen. Diese, wie die Begriffe „gebundenes, technisches, arbiträres, diskretionäres" Ermessen, sind lediglich Untererscheinungen der beiden Hauptgruppen richterlichen und freien Verwaltungsermessens, und beweisen nur die Richtigkeit des Satzes, daß zwischen richterlichem und freiem Verwaltungsermessen kein begrifflicher, kein innerer, sondern nur ein äußerer, ein Gradunterschied besteht. Insoweit ist auch die Forderung des Ref. 25, das abiträre Ermessen ohne weiteres der richterlichen Nachprüfung zu unterstellen, richtigzustellen. Ferner ist nicht außer Betracht zu lassen, daß auch auf dem Gebiete des freien Verwaltungsermessens seitens des Gesetzgebers bindende Richtlinien gegeben werden können und insoweit ein gebundenes Ermessen vorliegen kann und daß doch für ein subjektives Recht für einen Einzelnen kein Raum ist (s. 20—22). Die gesetzliche Gebundenheit kann schließlich soweit gehen, daß jedes freie Ermessen ausgeschlossen ist. Auch gesetzlich gebundenes Ermessen und freies Verwaltungsermessen sind nur Gradunterschiede (Fleiner, Inst. § 15 Anm. 44, Dyroff, a. a. O. S. 507). „Wir fordern unabhängige Verwaltungsgerichte, aber dafür können sie nicht in Sachen des freien Ermessens judizieren. Was wir fordern und gegen etwaige künftige Eingriffe sicherstellen müssen, ist nur die gerichtliche Überprüfung der Grenzen des freien Ermessens." (Laun, auf dem 3. Jur.-Tag i. d. Tschech. Verh. S. 261, s. auch Drews in den Reden anläßlich des 50jähr. Bestandes des preuß. OVG. 1925 S. 9.[31]) Die Überprüfung der Grenze des freien Ermessens ist aber eine Prüfung der Rechtsfrage (ebenso Ref. Apelt 25 oben), denn „an der Grenze des administrativen Ermessens beginnt das Recht" (Brater), ein Satz, in dem jedes Wort bedeutungsvoll und unentbehrlich ist. In diesem Sinn obliegt dem Verwaltungsrichter dann auch die Kontrolle des

[30a]) soweit?

[31]) „Die Verwaltungsgerichtsbarkeit verfehlt ihren Zweck, wenn sie sich in die Zweckmäßigkeit der Verwaltung mischt, sie konstituiert dann eine Nebenregierung neben der verantwortlichen gesetzlichen Exekutive, die nach der bestehenden Staatsordnung berufen ist, die Geschäfte des Staates zu führen. Innerhalb der Grenzen des Rechtes muß diese Exekutive allerdings bleiben; das ist die Forderung des Rechtsstaates. Aber innerhalb dieser Grenzen muß sie frei schreiten können und definitiv und nach einheitlichen Gesichtspunkten dasjenige anordnen können, was sie für richtig hält. Der Verwaltungsrichter würde seine Befugnisse überschreiten und die ganze Verwaltung in Unordnung bringen, wenn er einer innerhalb der Grenzen ihres Rechtes handelnden Exekutive in den Arm fallen wollte, weil er über die Zweckmäßigkeit ihrer Ausübung anderer Meinung ist. Die Verwaltungsgerichtsbarkeit ist eben der Sache nach echte Gerichtsbarkeit in Verwaltungssachen, nicht etwa bloß Verwaltungstätigkeit in gerichtlicher Form."

Ermessensmißbrauchs. Ein sehr gutes Beispiel hiefür gibt das Urteil des Bayer. Obersten Landesgerichts in Zivilsachen R III 44/1922 vom 10. Mai 1922 im Bayer. Staatsanzeiger 1923 Nr. 43. Ebenso Begründung zum E. eines RVG. S. 18. Immerhin ist die Gefahr nicht von der Hand zu weisen, daß die obersten Verwaltungsgerichte mit der Nachprüfung der Überschreitung der Ermessensgrenze zugleich das Verwaltungsermessen selbst überprüfen, ihre Zuständigkeit also auf Kosten der aktiven Verwaltung überstrecken. Nach Auslegung von Knauth-Wagner, thür. LVO. § 128 Anm. 5 (S. 192) und Dr. Buchmann, Die Anfechtungsklage des thür. VR. S. 127 ist im Hinblick auf § 128 Abs. II thür. LVO. dort „für eine Anfechtung wegen Überschreitung der Grenzen des Ermessens kein Raum." Unsere Ausführungen haben gezeigt, daß die für uns wichtige Grenze nach inneren, sachlichen Gesichtspunkten zu ziehen ist, nicht wie das Referat vorschlägt, nach der rein äußerlichen, formalen behördlichen Zuständigkeit. Die Ermessensfragen der unteren Verwaltungsbehörde behandelt das Referat als Bagatellen, die im allgemeinen für die Leitung der Exekutive ohne besondere Bedeutung sind und daher dieser letzten Endes abgenommen und dem Verwaltungsrichter überantwortet werden können. Hier können wir nicht mitgehen. Auch scheint der vom Referat selbst gemachte Vorbehalt die Sache doch wieder schwieriger zu gestalten. Die besondere Anweisung der obersten Stelle an die Unterbehörde soll die Ermessensentscheidung auch für den Verwaltungsrichter bindend sein lassen, ebenso die allgemeine Anweisung der obersten Stelle. Gerade dieses wird sich im einzelnen Falle nicht so leicht finden und nach Inhalt und Umfang nachweisen lassen. Auch könnte eine solche prozessuale Vorschrift die oberste Exekutivbehörde dazu bringen, möglichst viele Anweisungen an die Unterbehörden zu geben, um den Verwaltungsrichter auszuschalten, ein sicherlich höchst unerwünschter Zustand. Die vom Referat geforderte „Regel" (25/27) und demzufolge die mit ihr zusammenhängende Ausnahme dürfte daher schlechthin abzulehnen sein. Nun ist aber doch, wird man hier einwenden, in Bayern auch den unteren Verwaltungsgerichten die gleichzeitige Entscheidung von Fragen des freien Verwaltungsermessens übertragen. Richtig im Hinblick auf Art. 15 und 31 Abs. 3 VGG. Allein in Bayern bestehen überhaupt keine eigentlichen unteren Verwaltungsgerichte, sondern die aktive Verwaltungsbehörde (Bezirksverwaltungsbehörde und Regierung) üben zum Teil Verwaltung im verwaltungsgerichtlichen Verfahren (Pseudo-Verwaltungsgerichte). Soweit veranlaßt, können sie daher in der gleichen Sache zugleich als aktive Verwaltungsbehörde tätig werden und auftretende Fragen des freien Verwaltungsermessens gleichzeitig mitentscheiden Hier ruht die mitentschiedene Frage des freien Verwaltungsermessens, soweit eine solche überhaupt vorkommen kann, in der Hand der aktiven Verwaltungsbehörde, die allerdings in derselben Sache zugleich Verwaltungsrichter ist. Der letzte Instanzrichter (Verwaltungsgerichtshof) ist nicht in der Lage, auch über die Frage des freien Verwaltungsermessens in eine Nachprüfung einzutreten. Dagegen steht es der Partei frei, hinsichtlich dieser Frage gleichzeitig Beschwerde zur nächsthöheren Verwaltungsbehörde ev. zuletzt zum zuständigen Staatsministerium zu erheben, um von hier aus insoweit eine Nachprüfung eintreten zu lassen (Art. 13 I Z. 3, Art. 15 und 31 Abs. 3 VGG.) und wenn, wie vielfach seit der Gesetzesnovelle vom 7. März 1924 vorkommt, der Regierungssenat letzte Rechtsstufe ist, also der Verwaltungsgerichtshof nicht angegangen werden kann, so bedeutet das, daß nicht nur die Anrufung des Verwaltungsgerichtshofs ausgeschlossen sein soll, sondern, daß auch im Rahmen des freien Verwaltungsermessens die Verwaltungsbeschwerde zum zuständigen Staatsministerium versagt ist, die Beschwerde des Regierungssenats also im gesamten Umfang endgültig sein soll. Es ist darum jetzt noch die Möglichkeit der Doppelbeschwerde vorgesehen und wegen ihrer Behandlung sind besondere Bestimmungen getroffen (Art. 49 VGG.). Das wird anders werden, wenn künftig streng zwischen echten Parteistreitigkeiten (Feststellungssachen) und Anfechtungssachen unterschieden wird. Wegen des Bedürfnisses einer Doppelbeschwerde in diesem Falle und wegen der Aufsichtsbeschwerde s. unten e). Die bayerische Regelung steht also mit den hier über die Ermessensfrage entwickelten Grundsätzen im Einklang. Dagegen ist der vom Referat eingenommene Standpunkt umsomehr abzulehnen, als nach ihm (30ff.) auch die Verwaltungsgerichte niederer Ordnung selbständige, von der übrigen Verwaltung in der Regel auch räumlich getrennte Verwaltungsgerichte sein sollen (hier I Ziff. 3.) Zuzustimmen ist wiederum dem Referat, soweit nach ihm (25) den Verwaltungsgerichten Ermessensentscheidungen der Selbstverwaltungsorgane „in eigenen" (nicht übertragenen) Geschäften entzogen bleiben müssen, vorausgesetzt, daß die Selbstverwaltung sich innerhalb des ihr gegebenen gesetzlichen Rahmens hält. Denn in Selbstverwaltungsangelegenheiten, also bei den eigentlichen (eigenen) Gemeindeangelegenheiten gibt es für die Staatsaufsichtsbehörde nach bayerischem Recht (§ 22 Abs. 2 VU.) „nur die Überwachung der Erfüllung der Pflichten und der Gesetzmäßigkeit der gemeindlichen Selbstverwaltung. Die Prüfung des Ersprießlichen, des Zweckmäßigen in der Verwaltung scheidet für den Begriff der Staatsaufsicht aus". (Laforet in der erwähnten Festschrift S. 141ff.) Darum kann auch im Wege der Beschwerde in Gegenständen der Staatsaufsicht an den Bay. VGH. nur die Frage der Gesetzmäßigkeit der von den Gemeinden getroffenen Maßnahmen, nie Fragen der Zweckmäßigkeit gelangen (Art. 60 Abs. VI GO., Art. 33 Abs. VI BezO., Art. 35 Abs. VI KrO.; Art. 10 Ziff. 1, 3, 3a, Art. 13 Abs. I Ziff. 3 VGG.). Inwieweit in gewissem Umfange auch die Frage des Notwendigen zur Rechtsfrage gehören kann, siehe Dyroff, VGG. Art. 10 Ziff. 2 Anm. 12. Im übertragenen Wirkungskreise können allerdings die Sachaufsichtsbehörden (Art. 50 GemO., Art. 35 BezO., Art. 37 KrO.) den Gemeinden auch Weisungen in reinen Zweckmäßigkeitsfragen erteilen. Gegen solche Weisungen gibt es keine unmittelbare Beschwerde an den VGH., da die Gemeinde hier als untergeordnete Staatsbehörde tätig wird, daher von einer Verletzung des ihr zustehenden Selbstverwaltungsrechtes nicht gesprochen werden kann. Wohl aber hätte es die Gemeinde in der Hand, durch Untätigkeit gegenüber Weisungen der Sachaufsicht staatsaufsichtliches Vorgehen gegen sich herbeizuführen, worauf ihr dann gegen Weisungen der Staatsaufsichtsbehörde die Beschwerde an den Verwaltungsgerichtshof wegen Verletzung des Selbstverwaltungsrechtes zustünde (GemO. Art. 60). Hier aber dürfte nach den oben aufgeführten Grundsätzen der VGH. sich nur auf die Rechtsfragen, die gesetzliche Zulässigkeit des staats (sach)-aufsichtlichen Eingreifens beschränken, er dürfte niemals die hier bei der Sachaufsicht event. mit hereinspielenden und erledigten Zweckmäßigkeitsfragen seiner richterlichen Prüfung mitunterstellen.

Doppelte Rechtszüge, Doppelbeschwerde, Dienstaufsichtsbeschwerde.

e) Das Referat wirft ferner S. 25 die Frage auf, ob doppelte Rechtszüge zugelassen werden sollten und insbesondere inwieweit die Dienstaufsichtsbeschwerde[32]) besonders geregelt werden soll. Hier wird streng zwischen dem

---

[32]) Im folgenden nach bayer. Brauch als „(Ober)Aufsichtsbeschwerde" bezeichnet. Art. 15 bay. VGG., Seydel, bay. Staatsrecht, 2. Aufl. I 563; Krais-Henle, Handbuch der

förmlich eingeräumten Rechtsschutzmittel und der Oberaufsichtsbeschwerde zu unterscheiden sein. Unter den förmlichen Rechtsschutzmitteln ist hier die „Verwaltungsbeschwerde" und das zum Verwaltungsrichter führende Rechtsschutzmittel („Berufung" oder „Anfechtungsklage"[33]) zu unterscheiden. Namentlich bei Einführung der Anfechtungsklage wird das ganze ihr vorausgehende Verwaltungsverfahren auf strengeren Boden zu stellen, insbesondere werden die Voraussetzungen der Verwaltungsbeschwerde näher gesetzlich niederzulegen sein, also ähnlich wie bei der Berufung und Anfechtungsklage zu bestimmen sein, unter welchen Voraussetzungen, innerhalb welcher Frist und von wem (Sachbeteiligung) sowie zu welcher Behörde die Verwaltungsbeschwerde mit dem Recht auf Verbescheidung in der Sache selbst erhoben werden kann und welche Verwaltungsinstanz als „letzte" Stufe entscheidet, so daß von hier aus erst die Anfechtungsmöglichkeit zum Verwaltungsrichter sich eröffnet. Wird eine strenge Scheidung zwischen echten Parteistreitsachen (einschl. Feststellungssachen) und sog. Beschlußsachen durchgeführt und für die Erledigung und Verbescheidung der ersteren von Anfang an der Verwaltungsrichter für zuständig erklärt (ursprüngliche Verwaltungsgerichtsbarkeit), so muß für diese Fälle eine Doppelbeschwerde, also neben der „Berufung" eine gleichzeitige „Verwaltungsbeschwerde" allerdings als durchaus entbehrlich, ja als systemwidrig bezeichnet werden. Denn Sachverfügungen der aktiven Verwaltungsbehörde in echten Parteistreitigkeiten, für die die Zuständigkeit des Verwaltungsrichters durch Generalklausel oder Aufzählung begründet ist, könnten und würden die Beteiligten oder ihre Rechtsnachfolger in keiner Weise verhindern, die Sache beim zuständigen Verwaltungsrichter anhängig zu machen und der Verwaltungsrichter wäre in der Beurteilung und Entscheidung der vor ihm zutreffend anhängig gemachten Parteistreitsache von der etwa schon getroffenen Maßnahme der aktiven Verwaltungsbehörde, auch einer Provisionalverfügung, völlig unabhängig und durch sie nicht gebunden. Der Eingriff der aktiven Verwaltungsbehörde in ein bereits schwebendes verwaltungsgerichtliches Verfahren würde aber, zumal es sich begrifflich nur um einen Komplex von Tat- und Rechtsfragen, nicht aber um Fragen des freien Verwaltungsermessens handeln kann (S. 14ff.) gegen den verfassungsmäßig geschützten Grundsatz der Unabhängigkeit des Verwaltungsrichters verstoßen. Dasselbe ist gegenüber bereits ergangenen rechtskräftigen verwaltungsrichterlichen Urteilen der Fall. „Sie binden die Organe der öffentlichen Gewalt" (§ 71 Abs. II bay. VU.; Art. 102 RV.).

Etwas anderes ist es bei Anfechtungssachen. Die „Anfechtungsklage" wird gegenüber hoheitlichen Verfügungen für verwaltungsrichterliche Nachprüfung der gesetzlichen Zulässigkeit, ihrer Rechtmäßigkeit, nicht der Zweckmäßigkeit und Notwendigkeit gewährt. Hier wird es nun Sache der einzelstaatlichen Regelung sein, im Gesetze über das Verfahren der aktiven Verwaltung zu bestimmen, wie weit,

---

inneren Verw. 1925, Bd. I § 13a Ziff. 5. Der Ausdruck „Dienstaufsicht" wird in Bayern im Beamtenrecht gebraucht und bedeutet die Aufsicht der vorgesetzten Stelle gegenüber dem einzelnen unterstellten Beamten. Krais-Henle § 18 Ziff. 2, b, bay. Kostengef. in der Fassung vom 16. Febr. 1921 Art. 3 Ziff. 4 Art. 101 GemO., Art. 36 BezO., Abs. III, Art. 38 Abs. IV KrO. Die (Ober) Aufsichtsbeschwerde beansprucht die „Sachaufsicht" der im Rechtsmittelzuge vorgesetzten Stellen. Die „Staatsaufsicht" umgrenzt die Befugnisse der staatlichen Aufsichtsbehörden gegenüber Gemeinden und Gemeindeverbänden in den Selbstverwaltungsangelegenheiten (Art. 59, 60 GO.; Art. 32, 33 BezO., Art. 34, 35 KrO.).

[33]) Die außerordentlichen Rechtsschutzmittel wie die Gesuche um Wiedereinsetzung in den vorigen Stand (Nachsicht) oder um Wiederaufnahme d. Verf. können hier außer Betracht bleiben. Über die Verwirrung, die noch mit den Ausdrücken „Rechtsbehelfen" und „Rechtsmitteln" getrieben wird sehr zutreffend Drews-Lassar „Die preuß. Verw.-Ges." 23. Aufl. Bd. I § 50 Anm. 4.

d. h. bis zu welcher Stufe das aktive Verwaltungsverfahren reicht, also bei Beschwerde von selbst auch die Frage der Zweckmäßigkeit und Notwendigkeit nachgeprüft werden kann. Sind der Rechtsbeschwerde bereits 2 Verwaltungsstufen vorausgegangen, so wird von hier ab eine weitere Verwaltungsbeschwerde, also die Doppelbeschwerde zur nächsthöheren Verwaltungsbehörde (regelmäßig Ministerium) zwecks Nachprüfung der Zweckmäßigkeit und Notwendigkeit der Verwaltungsverfügung aus Gründen der Abkürzung des Rechtszuges nicht mehr zu gewähren sein. In Anfechtungssachen steht aber die Anfechtungsklage erst nach Erschöpfung des Verwaltungsweges offen. Es wird daher neben der Anfechtungsklage keine förmliche Parallel- (also Doppel-) Beschwerde, sondern höchstens die (Ober)aufsichtsbeschwerde zulässig sein.

Die (Ober)Aufsichtsbeschwerde kann niemals völlig unterbunden werden, da dieses eine Unterbindung der Regierungsgewalt selbst bedeuten würde. Die Sachaufsichtsbehörden müssen stets in der Lage sein, auf Anruf von beteiligter oder unbeteiligter dritter Seite, z. B. der Presse oder von Amtswegen einzugreifen, einen bereits erlassenen Verwaltungsakt aufzuheben; aber nur unter bestimmten Voraussetzungen. Das Referat (26) führt hier richtig aus, daß die Oberaufsichtsbeschwerde nicht befristet werden kann oder daß ihr keine sonstigen formalen Schranken gezogen werden dürfen. Es handelt sich hier immer um eine formlose Beschwerde, die nach Zeit, Person und regelmäßig auch Verwaltungsstufe an keine Voraussetzung gebunden ist. Sachlich wird sie aber einer Einschränkung bedürfen. Jedenfalls dürfte daran festzuhalten sein, daß ein oberaufsichtliches Einschreiten — von Angelegenheiten der Sicherheitspolizei abgesehen — nur insoweit möglich ist, als die nachgeordnete Behörde selbst zur Abänderung ihrer Verfügung berechtigt wäre. (Beispiel: Thür. LVO. §§ 27 Abs. II und 141—144). Sodann wird Übung dahin zu empfehlen sein, daß gegenüber endgültigen Verwaltungsverfügungen, mag die Verwaltungsbeschwerde von der letzten, hiefür zuständigen Verwaltungsstufe abgewiesen oder mag sie überhaupt nicht eingelegt worden sein, jedenfalls eine oberaufsichtliche Nachprüfung des Falles im Wege der Oberaufsicht regelmäßig nicht stattfindet, daß Akten aus diesem Anlaß nur eingeholt und überprüft werden, wenn nach Inhalt der (Ober) Aufsichtsbeschwerde mit aller Wahrscheinlichkeit eine Schädigung schwerwiegender öffentlicher Interessen (des Gemeinwohls) oder eine Verletzung grundsätzlicher Verfahrensvorschriften vorgekommen ist. Würde diese Überprüfung zu keiner Änderung des endgültigen Verwaltungsbescheides führen, so wäre in der ergehenden Entschließung die Aktenprüfung überhaupt nicht zu erwähnen und jedenfalls unter Ansetzung einer angemessenen Gebühr[34]) die (Ober)Aufsichtsbeschwerde kostenfällig zurückzuweisen. Auch sollte zur möglichsten Hintanhaltung von (Ober)Aufsichtsbeschwerden auf die Möglichkeit dieser keinesfalls etwa in Beschwerdebelehrungen[35]) hingewiesen werden. Ferner wurde in Bayern

[34]) Es können übrigens auch Fälle von (Ober)Aufsichtsbeschwerden vorkommen, bei denen die Erhebung der gesetzlichen Mindestgebühr oder auch die gesetzlich zulässige Gebührenfreiheit angemessen erscheinen, z. B. im Falle unrichtiger Beschwerdebelehrung durch die untere Verwaltungsstufe (Art. 171 Bay. Kostengesetz).

[35]) So gilt in Bayern für den Rechtszug in Gewerbepolizeisachen nach § 54 VollzV. zur GewO. subsidiär Art. 31 des zufolge Reichsgesetzes vom 11. Juni 1872 aufrechterhalten. GewGes. vom 30. Jan. 1868 (GVBl. 1866, 1869 S. 309. Landmann, 7. Aufl. S. 366). Hiernach können bei Gewerbepolizeisachen die Beteiligten gegen Beschlüsse der ersten Instanz bei der nächsthöheren Verwaltungsstelle Beschwerde führen, vorbehaltlich dessen, was das Gesetz über Errichtung des VGH. bestimmt. In Angelegenheiten der Erteilung oder Zurücknahme der Wirtschaftserlaubnis (ferner der Genehmigungen nach § 16ff.) entscheiden daher über Beschwerden gegen Beschlüsse der Bezirksverwaltungsbehörden in letzter Rechtsstufe die verwaltungsrechtlichen Regierungssenate,

durch MB. vom 15. Okt. 1926 (St. A. 1926 Nr. 240) angekündigt, daß (Ober) Aufsichtsbeschwerden, die Beschimpfungen von Beamten enthalten, ohne Sachbehandlung dem Beschwerdeführer wieder zurückgegeben werden.

Ausdehnung der Rechtskontrolle auf alle Verwaltungsakte und gegenüber allen Verwaltungsbehörden.

f) Stimmt man der rechtsstaatlichen Forderung nach einer nachträglich eintretenden verwaltungsgerichtlichen Überprüfung der Verwaltungsakte auf ihre Gesetzmäßigkeit (Rechtmäßigkeit, nicht Zweckmäßigkeit) zu, so kann man folgerichtigerweise schon vom Gesichtspunkte des Gleichmaßes aus im Einklang mit dem Referate nur zur umfassenden württembergischen und österreichischen Generalklausel kommen, wonach sich die verwaltungsrichterliche Kontrolle der Regel nach (Ausnahmen sind möglich, z. B. Art. 15 württ. VRpflG., § 218 Abs. 2 thür. LVO.) auf die ganze Hoheitsverwaltung erstreckt. Die in einigen Staaten übliche Beschränkung auf „polizeiliche" Verfügungen würde den Rechtsschutz auf wichtigen anderen Gebieten nicht eintreten lassen, z. B. gegenüber der Verleihung des Enteignungsrechtes, Ablehnung des Antrages auf Aufnahme, Einbürgerung oder Entlassung aus der Reichs- und Staatsangehörigkeit, Unterbringung in einer Anstalt zur Arbeit, Entlassung hieraus, Verfügung in Abmarkungssachen, in Flurbereinigungssachen usw. Bedenkt man ferner, daß man den Begriff der polizeilichen Verfügung[36]) jedenfalls nicht auf Verfügungen der Sicherheitspolizei im engsten Sinne des Wortes (Seydel-Graßmann, Bay. Staatsrecht, Bd. 2 § 216), also auf Verfügungen der Fremdenpolizei, Kriminalpolizei, Paßpolizei, des Meldewesens, der politischen Polizei, der Preßpolizei, der Überwachung von Bettlern und bestraften Personen, der Sitten- und Straßen- (Verkehrs)polizei beschränken darf, sondern daß man nach dem Vorgange der größeren deutschen Verwaltungsgerichtshöfe (preuß.,

---

soweit Ermessensfragen in Betracht kommen (so richtig Landmann-Rohmer, GewO. § 20 Anm. 2, 8. Aufl. S. 254, unrichtig in § 126 a Anm. 5). Insoweit ist daher gegen den Bescheid der Regierung nur die sog. (Ober)Aufsichtsbeschwerde möglich. Eine Belehrung über die Möglichkeit einer Anrufung der Oberaufsichtsbehörde ist daher nicht geboten und kann der Bemerkung bei Dyroff VGG. Art. 21 Anm. 13 nicht zugestimmt werden. Es wurde daher auch durch Ministerialentschließung vom 16. Jan. 1910 Nr. 1216 des Königl. Hauses und des Äußern unter Bezugnahme auf § 21 der MinEntschl. vom 30. Dez. 1909 (MABl. 1910 S. 1) verfügt, daß bei Zustellung der Bescheide über Wirtschaftsgesuche eine ausdrückliche Belehrung der Gesuchsteller über das Oberaufsichtsrecht des Staatsministeriums und die sog. Oberaufsichtsbeschwerde zu unterlassen ist.

[36]) Polizeiliche Verfügung in diesem Sinne ist die Verfügung einer Polizeibehörde, die einen Eingriff in den Rechtskreis einer Person enthält, sei es derjenigen, über die und gegen die die polizeiliche Verfügung unmittelbar ergeht oder für deren Rechtskreis sie wenigstens unmittelbare Folgen auslöst, also ein Gebot (Forderung einer Leistung oder Handlung) oder ein Verbot (Anordnung einer Unterlassung) oder eine gesetzlich vorgesehene polizeiliche Erlaubnis (Genehmigung, Bescheinigung), die erteilt, versagt oder zurückgenommen wird. (So auch Knauth-Wagner, thür. LVG. § 113, teilweise anders preuß. OVG. 78, S. 257 und E. eines RVG. § 22 mit Begründ. S. 17.) Dagegen gehören nicht hierher Verfügungen, die im inneren Dienstbetriebe (einschließlich der disziplinarrechtlichen Erkenntnisse) erlassen sind (Entw. eines RVG. Begründung S. 16 r. Sp.). Es gibt also auch keine Anfechtungsklage der Gemeindebehörde gegen Weisungen der vorgesetzten staatlichen Verwaltungsbehörde in Gegenständen der Sachaufsicht, was natürlich nur im übertragenen Wirkungskreise möglich ist. (Laforet, in der Festschrift zur Feier des 50jährigen Bestehens des Bayer. Verwaltungsgerichtshofes 1929 S. 141/148; Laforet-v. Jan-Schadenfroh, Handausg. d. bay. GemBezKrO. I 565, d; s. aber hier S. 30.) Im übrigen kann der Gesetzgeber besondere Arten von Verfügungen ausdrücklich von der Anfechtung und damit von der Nachprüfung durch den Verwaltungsrichter ausschließen, so z. B. vielfach viehseuchenpolizeiliche Anordnungen, oder indem Verfügungen der Verwaltungsbehörde zur Abkürzung eines übermäßigen Rechtszuges als endgültig bezeichnet und solche endgültige Verfügungen der Anfechtung entzogen werden; ähnlich E. eines RVG. § 23 Ziff. 8.

sächs.) die Anfechtungsklage auch gegen Verfügungen der übrigen Verwaltungspolizei z. B. Bau-, Feuer- Fischerei-, Forst, Jagd-, Wasserpolizei usw. wird gewähren müssen (Drews, Preuß. Polizeirecht 1927), so wird man sich zur Einführung der Anfechtungsklage gegen alle hoheitliche Verfügungen umso leichter verstehen können, als bei dem zahlenmäßigen Umfang der polizeilichen Verfügungen einerseits und dem geringen verhältnismäßigen Anfall der außerhalb der Polizei im weiteren Sinne stehenden hoheitlichen Verfügungen die Ausdehnung des Rechtsmittels keine besondere ungünstige Auswirkung mehr haben, die Fassung und Handhabung des Gesetzes aber wesentlich erleichtern dürfte.[37])

Eine notwendige Folge dieses Standpunktes ist, daß die Anfechtungsklage auch gegen Entscheidungen der höchsten Instanz, also besonders der Ministerien gewährt werden sollte. Sicherlich würde bei dem jetzt herrschenden parlamentarischen System das betreffende Ministerium durch eine, die Rechtsgültigkeit seiner Verfügung außer Zweifel stellenden Verwaltungsgerichtsentscheidung in seiner Stellung auch gegenüber dem Landtage nicht unwesentlich gestärkt werden. Übrigens werden die Maßnahmen der höchsten Stelle so wenig wie die der ihr nachgeordneten Verwaltungsbehörden gegen Einzelpersonen das Licht der verwaltungsrichterlichen Rechtskontrolle zu scheuen haben. Unrechtmäßige Maßnahmen müssen aber, namentlich im Rechtsstaate, unter allen Umständen verhindert werden, mögen sie ausgehen von welcher Stelle sie wollen. „Rechtmäßige Maßnahmen — und nur solche sollen von den Verwaltungsbehörden ergriffen werden — werden aber vom Verwaltungsrichter nicht gehindert, sondern im Gegenteil gegen jede Anzweiflung sichergestellt.“ (Drews, in der Zeitschrift für gesamte Staatswissenschaft 1924 S. 595.) Auch Seydel hält in der 2. Auflage seines Staatsrechtes Bd. 1, 589 die Bedenken, daß Regierungshandlungen der obersten Staatsgewalt der verwaltungsrichterlichen Prüfung nicht unterstellt werden können, nicht für stichhaltig. Dem Standpunkt des Referates (siehe auch Apelts Kommentar S. 49, 50) ist daher zuzustimmen. Ebenso der E. eines RVG. § 22, der keine Einschränkung enthält. Dagegen ist hier auf einen Punkt hinzuweisen: Die Anfechtungsklage, also die Klage auf verwaltungsrichterliche Nachprüfung des Verwaltungsaktes, hat nur einen Sinn, wenn sie dem abgeschlossenen Verwaltungsverfahren aufgepfropft wird. Ein Verwaltungsverfahren wird man allgemein als abgeschlossen erklären können, wenn es zwei Verwaltungsstufen[38]) durchlaufen hat.

Das Referat S. 27 dehnt die Zuständigkeit der Verwaltungsgerichte aus auf Kosten der aktiven Verwaltung, die das Referat in der Hauptsache und der Regel nach auf eine Stufe beschränken möchte, wobei nur gegenüber den kleineren, mittelbaren Gemeinden eine Ausnahme gemacht werden soll. Noch radikaler ist der E. eines RVG., der seinem Wortlaut nach den Verwaltungsrechtsweg unmittelbar gegen polizeiliche Verforgungen, also auch mittelbarer Gemeinden

---

[37]) Wenn der § 22 des E. eines RVG. die Anfechtung zunächst auf „polizeiliche“ Anordnungen oder Verfügungen beschränkt, so geschah es nach Begründung S. 17 mehr aus taktisch-politischen Gründen.

[38]) Hinsichtlich der Verfügungen der mittelbaren Gemeinden wäre zu erwägen, ob nicht drei Stufen notwendig sind, also mittelbare Gemeinde, Bezirksverwaltungsbehörde, Regierung, oder ob dem Vorschlage des Referats (28) beigetreten werden könnte, daß gegen die zweitstufigen Verfügungen der unteren Verwaltungsbehörde unmittelbar (also unter Ausschaltung der Mittelstelle) Rechtsbeschwerde zum höchsten Verwaltungsgericht gewährt werden soll. Der Regel nach dürfte die Regierung nicht ausgeschaltet werden, da dies vielfach zur Aufhebung der Verfügungen führen und eine Entlastung des (höchsten) Verwaltungsgerichts bedeuten würde. Siehe Drews, Grundzüge einer Verwaltungsreform 1919 S. 32.

eröffnet (§§ 22, 27, 28). Soll das wirklich beabsichtigt gewesen sein? Das wäre eine Ausdehnung und Überstreckung der Verwaltungsgerichtsbarkeit auf Kosten der Verwaltung. Der Verwaltung gebührt in erster Linie der Vorrang vor der Verwaltungsgerichtsbarkeit; ihr müssen in erster Linie 2 Stufen eingeräumt werden. Das Interesse und praktische Bedürfnis einer kräftigen aktiven Verwaltung erfordert aber, daß wenigstens für zwei Verwaltungsstufen die Oberaufsicht und die Rechtsmittelstufe nicht voneinander getrennt sind. Das genügt dann aber auch. Die Art der Regelung müßte schon in der Gesetzesterminologie zum Ausdruck kommen. Die Formel der Anfechtungsklage bietet dem Gesetzgebedie Möglichkeit, durch Bezeichnung der letzten Entscheidung im Verwaltungsr (beschluß)verfahren als „endgültig" jederzeit die Anfechtungsklage auszuschließen. Von dieser Befugnis wird namentlich in Bagatellsachen Gebrauch zu machen sein. Z. B. könnte im Ausführungsgesetze zur Gewerbeordnung das Beschlußverfahren bei Gesuchen um Erteilung der Erlaubnis zu einer Gastwirtschaft als „endgültig" bezeichnet werden. Dagegen wäre beim „Widerruf" der Erlaubnis zum Betriebe einer Gastwirtschaft das Verwaltungsverfahren nicht als endgültig zu bezeichnen, die Anfechtungsklage würde also ohne weiteres zulässig sein. Der Gesetzgeber hätte es aber auch in der Hand, das der Anfechtungsklage vorausgehende Verwaltungsverfahren je nach Bedarf auf eine Rechtsstufe einzuschränken, etwa durch den Ausdruck: „entscheidet in erster und l e t z t e r Rechtsstufe" (das wäre also nicht dasselbe wie „endgültig"); s. auch hier II.

Im Interesse der Geschäftsvereinfachung und Abkürzung des Instanzenzuges der Stufenfolge (Rechtsmittelzuges, Rechtszuges) wird die zweite Stufe regelmäßig bei der Mittelbehörde enden müssen, sodaß die Ministerien in der Regel aus der Stufenfolge ausgeschaltet sind und nur auf Grund (Ober)Aufsichtsrechts tätig zu werden brauchen. Eine Anfechtungsklage gegen eine Ministerialverfügung wird also nur eintreten, wenn das Ministerium als gesetzlich vorgesehene 2. Stufe oder als einzige Stufe instanzmäßige Entscheidung getroffen hat. Die Anfechtungsklage hat darum auch eine Regelung des Verwaltungsverfahrens zur Voraussetzung. Es müssen Bestimmungen über die Stufenfolge, insbes. Beschwerdefristen im Verwaltungsverfahren getroffen werden, da ja die Stufenfolge des Verwaltungsverfahrens abgeschlossen sein muß, ehe die Anfechtungsklage erhoben werden kann.

B e z e i c h n u n g, T e r m i n o l o g i e, F r i s t, a u f s c h i e b e n d e W i r k u n g.

g) Zugunsten des Publikums wird man zu einer möglichsten Vereinheitlichung und Vereinfachung in der Bezeichnung der Rechtsschutzmittel kommen müssen. Wenn D r e w s in der Zeitschrift f. ges. Staatswissenschaft 1924 S. 608 von einem „sinnverwirrenden Rechtsmittellabyrinth" spricht, so mag dies in Anbetracht der gebrachten Beispiele allerdings für Preußen zutreffend sein. In Bayern sind die Rechtsmittel derart einfach und übersichtlich geordnet, daß eine weitere Vereinfachung kaum möglich ist. Es gibt hier nur „Beschwerde" an die vorgesetzte, zuständige Verwaltungsbehörde und zwar auch nach Art. 22 I VGG. in Verwaltungsrechtssachen, wobei allerdings das VGG. im gleichen Wortsinne in Art. 9 I und Art. 11 III auch von „Berufung" dann spricht, wenn es sich um Anrufung des Verwaltungsgerichtshofes dreht. Auch wenn künftig in den unteren Stufen die Verwaltungsbehörden und Verwaltungsgerichte in Personal- (und Sach-)union vereinigt bleiben sollten, so wird doch in Bayern das Verwaltungsgerichtsverfahren auf neuere, prozeßrechtliche Grundlage gestellt werden müssen. Dann würde es eine besondere Erschwerung für das Publikum kaum bedeuten, wenn für die Bekämpfung von verwaltungsgerichtlichen, nur in echten Parteistreitsachen und Feststellungssachen vorkommenden Endbescheiden (hiezu wäre auch der Bescheid über Wiederaufnahme des Verfahrens zu rechnen) schlechthin der Ausdruck „Berufung" gewählt wird, in Anlehnung an die überwiegende Zahl der übrigen deutschen Verwaltungsgerichtsgesetze. Zum Unterschied von Berufung würde dann in Verwaltungsrechtssachen der Ausdruck Beschwerde im wesentlichen nur für das Rechtsmittel gegenüber prozeßleitenden Verfügungen zu gebrauchen sein. Der Ausdruck Berufung müßte also auf das ordentliche Rechtsmittel in echten Parteistreitigkeiten einschließlich der Feststellungssachen beschränkt bleiben.[39])

Neben der Berufung liefe für die Anfechtungssachen der Ausdruck „Rechtsbeschwerde" oder „Anfechtungsklage" oder „Anfechtungsbeschwerde". Nach Jellinek S. 305 ist der Ausdruck Anfechtungsklage erstmals im Preuß. Abgeordnetenhause 1880 von Hänel, sodann von O. Mayer 2. Aufl. I 160, 3. Aufl. I 158 gebraucht. Nach Bühler (S. 502) ist der Ausdruck Anfechtungsklage eine „glückliche" Schöpfung Otto Mayers. Jedenfalls ist der Ausdruck im sächsischen Gesetze § 73 und im thüring. Gesetze § 127 gebraucht. Das Preuß. LVG. von 1883 spricht von „Klage" (§§ 127, 128) und versteht unter Anfechtungsklage etwas anderes (§ 126), das badische Gesetz von 1884 § 4, das braunschw. Gesetz von 1895 § 49, die einschlägigen Gesetze von Mecklenburg-Schwerin und Mecklenburg-Strelitz (1922) sprechen von „Klage", das Lübecker Gesetz von 1916 § 5, das Hamburger Gesetz von 1921, § 9 und das Gesetz von Bremen 1924 § 8, sprechen von „Anfechtung". Im übrigen wird der Ausdruck Beschwerde oder Rechtsbeschwerde gebraucht. So in Art. 13 württ. VRpflG., Art. 129 österr. Bundesverwaltungsgesetzes (BVG.). Der Entwurf des RVG. führt für das Anfechtungsverfahren die „Klage", auch Anfechtungsklage ein (§ 72, § 75 Ziff. 1). Der Ausdruck „Rechtsbeschwerde" in §§ 27ff. ist Ersatz für Revision.

Ein einheitlicher Ausdruck hat sich also noch nicht durchgesetzt. Wo der Verwaltungsgerichtsprozeß mehr zivilrechtlich aufgezogen ist, wie in Preußen, wo also die Behörde als Repräsentantin der Staatshoheit verklagt werden kann, wird man sich dem Ausdruck Klage oder Anfechtungsklage zuneigen. Der Ausdruck Anfechtungsklage wäre jedenfalls dem kürzeren Ausdruck „Anfechtung" oder „Klage" vorzuziehen, da er den innerlichen und äußerlichen Unterschied von der sonstigen Klage in echten Parteistreitverfahren schon äußerlich zum Ausdruck bringt. In Württemberg, wo es abgelehnt wird, den Staat als Hoheitsträger in die doch Gleichberechtigung voraussetzende Parteirolle zu zwingen (s. hier Ziff. 4 A), hat das Gesetz Art. 13 den Ausdruck „Rechtsbeschwerde" eingeführt. Der Ausdruck unterscheidet sich genügend von der Verwaltungs- und Aufsichtsbeschwerde, aber auch von der etwa für Parteistreitsachen eingeführten Klage und bringt das Ziel des Rechtsschutzmittels, Nachprüfung der Rechtsfrage, gut zum Ausdruck. Bedauerlich ist aber, daß der Ausdruck Rechtsbeschwerde nach der bisher üblichen Anwendung durchaus nicht eindeutig ist. In unserem Sinne ist der Ausdruck

---

[39]) Wenn hier das Referat (28) für das Rechtsmittel an das Oberste Verwaltungsgericht den Ausdruck Rechtsbeschwerde auch dann eingeführt wissen will, wenn es sich gegen Rechtsmittelentscheidungen der Verwaltungsgerichte niederer Ordnung wendet, so dürfte dem nicht zuzustimmen sein, denn entweder gibt es bei echten Parteistreitigkeiten nur zwei Rechtsstufen, wovon die zweite volle Berufungsinstanz mit umfassender Tatsachen- und Sachwürdigung wäre; oder man gewährt drei Rechtsstufen, dann kann die dritte nur Revisionsinstanz sein. Ebenso wäre es, wenn entsprechend den Forderungen von Drews (Verhandlungen des 3. Deutschen Jur.-Tages i. d. Tschechoslowakei 1927 S. 220/21) in Anfechtungssachen dem OVG. zum Abfangen d. Bagatellsachen und zur Abnahme der Tatsachenprüfung das Rechtsmittel (die Anfechtungsklage) zunächst an ein Verwaltungsgericht niederer Ordnung gehen müßte, indem dann nur die „Revision" an das höchste Verwaltungsgericht gegeben werden könnte. Ebenso wohl §§ 27, 28 E. eines RVG.

Rechtsbeschwerde gebraucht in Württemberg[40]) und Österreich. Dagegen bedeutet Rechtsbeschwerde nach § 267 Abgabenordnung wieder etwas anderes; sie berechtigt das Gericht auch zur beschränkten Tatsachenwürdigung, nämlich dahin, ob nicht ein Verstoß wider den klaren Inhalt der Akten vorliegt. Das inhaltlich gleichartige Rechtsschutzmittel wird von der Reichsversicherungsordnung § 1697 wiederum als Revision bezeichnet. Die Rechtsbeschwerde in § 18 des Reichsjug.-WG. wird als „Revision" aufgefaßt (Heß, Jugendwohlfahrtsrecht, Kommentar S. 37/38). Die Rechtsbeschwerde der Thür. LVO. §§ 130, 131 ist ihrem Wesen nach Revision und der Revision des § 94 des preuß. LVO. nachgebildet. Eine hieher gehörende neuere Art, ein Rechtsschutzmittel sui generis ist die Rechtsbeschwerde der Handwerksnovelle vom 11. Febr. 1929 (RGBl. I S. 21), indem hier nach §§ 104r, 104s Abs. 2 gegen die Entscheidung der nach § 104 qu zuständigen Landesbehörde letzter Stufe das Reichswirtschaftsgericht, später das RVG. mit der Behauptung angerufen werden kann, daß eine Rechtsfrage oder eine andere Frage von grundsätzlicher Bedeutung nicht oder nicht zutreffend entschieden worden sei. Der Entwurf eines RVG. versteht die Rechtsbeschwerde nach § 30 im Sinne der Revision. Drews könnte hier mit Fug und Recht von einem sinnverwirrenden Rechtsmittellabyrinth und von Rechtsmittelfinessen sprechen. Mit Rücksicht auf die augenblickliche Vieldeutigkeit des Ausdruckes Rechtsbebeschwerde und in Anlehnung an den Reichsentwurf über ein RVG. möchte dem Ausdruck Anfechtungsklage der Vorzug zu geben sein.

Den übrigen Ausführungen des Referats (28) über Bewirkung von Aufschub, über die Möglichkeit der vorläufigen Vollstreckung der angefochtenen Verfügung (z. B. § 19a GewO. nimmt Rücksicht auf das Interesse der Partei, Art. 175 BayWassGes. auf das Gemeinwohl), über die durchgängige Einführung einer zweiwöchigen Rechtsmittelfrist ist durchaus zuzustimmen. Weitere Ausführungen über Form und Inhalt, Vorbehandlung des Rechtsmittels, Möglichkeit des Anschlusses an das Rechtsmittel, der Zurücknahme oder des Verzichts, sollen hier in Anlehnung an das Referat unterlassen werden.

3. Verwaltungsgerichte.

Hier muß insbesondere der Satz in Apelts Referat unterstrichen und betont werden: Es kann und muß jedem einzelnen Lande überlassen werden, ob es für sein Gebiet ein oberstes Verwaltungsgericht errichten oder beibehalten oder ob es sich mit diesem an ein anderes größeres Land anschließen will. ...Auf jeden Fall müsse den Ländern ermöglicht — und überlassen! — werden, sich an das Reichsverwaltungsgericht anzuschließen und diesem die oberste Rechtskontrolle über die Verwaltung ihres Gebietes zu übertragen (§ 21 Abs. 2 des Reichsentw. über ein RVG.). Das Referat verlangt Einrichtung von durchwegs echten Verwaltungsgerichten und zwar von obersten Verwaltungsgerichten und von Verwaltungsgerichten niederer Ordnung. Diese sollen eine größere Zahl von Bezirken der unteren Verwaltungsbehörden umfassen und mit sachlich und persönlich unabhängigen Richtern besetzt, also echte Verwaltungsgerichte sein. Hier wird eine, für die Verwaltungsrechtspflege und aktive Verwaltung überaus wichtige und schwierige Organisationsfrage angeschnitten.

a) Wird der Forderung des Referats (37) nach Ausscheidung in echte Parteistreitsachen und Anfechtungssachen Rechnung getragen, so ist jedenfalls für die

---

[40]) Hier weist W. Jellinek VR. 308 auf die in Württemberg bestehende Einschränkung der Tatsachenwürdigung durch den württ. Verwaltungsgerichtshof hin. Art. 62 des Ges. v. 16. Dez. 1876.

erste Gruppe ein zweistufiger Rechtszug das Mindestmaß rechtsstaatlicher Forderung. Unter dem obersten Verwaltungsgericht muß also mindestens ein Verwaltungsgericht niederer Ordnung für die Durchführung des Verfahrens in der ersten Rechtsstufe zur Verfügung gestellt werden. Soll nun dasselbe selbständig als eigene Behörde eingerichtet werden, oder soll es, wie vielfach bisher in den deutschen Ländern mit der für die innere Verwaltung zuständigen Verwaltungsbehörde verbunden sein? Die erstere Forderung erhebt namentlich Drews in der Z. f. Staatsw. 1924 S. 603ff., ebenso in den Reden bei der 50jährigen Gedenkfeier des preuß. OVG. S. 15, „es ist ein Ding der Unmöglichkeit, daß jemand, der heute die Aufgabe hat, als politischer Beamter die Politik der Regierung mit allen Mitteln zu vertreten, morgen in Verwaltungsstreitsachen als vollkommen unabhängiger Richter entscheidet und vor allen Dingen auch von der Bevölkerung als vollkommener unabhängiger Richter bewertet wird"; ferner Drews auf der Reichenberger Tagung, Verhandl. 1927 S. 214ff. und im „Recht und Staat im neuen Deutschland" Bd. 2 S. 29: „In den Landkreisen bleibt der Kreisausschuß Beschlußbehörde. Das Beschlußverfahren ist selbständig zu gestalten und jedenfalls von seiner Verkoppelung mit dem verwaltungsgerichtlichen Verfahren loszulösen (ZStaatsW. 1924 S. 601/606). Daneben wird ein Kreisverwaltungsgericht aus einem Verwaltungsrichter (hauptamtlich oder nebenamtlich bestellt, keinesfalls der Landrat oder andere politische Beamte) und zwei vom Kreistage gewählten Verwaltungsschöffen errichtet." Die sachliche Zuständigkeit des Kreisverwaltungsgerichtes würde die gleiche sein, wie die jetzige des Kreisausschusses in Verwaltungsstreitsachen. In den Stadtkreisen sei ein ebenso konstruiertes Stadtverwaltungsgericht einzurichten. Der Vorsitzende dürfe nicht der Bürgermeister oder ein Magistratsmitglied sein, da die meisten Klagen sich gerade gegen Maßnahmen (oder Ansprüche!?) dieser städtischen Stellen richten. Noch wichtiger sei die sachgemäße Ausgestaltung der Verwaltungsgerichte höherer Instanz. Auch für den Fall der Beibehaltung der Regierungsbezirke sei aus sachlichen Gründen die Einrichtung von Verwaltungsgerichten für die ganze Provinz die einzig richtige Lösung: „In einer großen Zahl von Regierungsbezirken würden besondere Verwaltungsgerichte nicht vollbeschäftigt sein. Schon die unbedingt gebotene Sparsamkeit würde ihre Einrichtung verbieten; erfahrungsgemäß leidet aber auch die Qualität der Rechtsprechung darunter, wenn ein Gericht einen zu beschränkten Geschäftskreis und damit meist auch einen zu engen Gesichtskreis hat." Event. könne Provinzialverwaltungsgerichten in einzelnen kleineren Provinzen noch durch Angliederung der Disziplinargerichte oder der Spruchbehörden auf dem Gebiete der Sozialversicherung ein größerer Geschäftskreis gegeben werden. In größeren Provinzen wären die Provinzialverwaltungsgerichte in Kammern mit sachlich oder örtlich getrennter Selbständigkeit zu gliedern; auch detachierte Kammern könnten zweckmäßig sein. Die Provinzialverwaltungsgerichte würden in einer Besetzung mit drei Verwaltungsrichtern und zwei Verwaltungsschöffen entscheiden. Ihre Zuständigkeit würde umfassen, einmal die Berufungen gegen die erstinstanziellen Urteile der Kreis- und Stadtverwaltungsgerichte und zweitens die erstinstanzielle Entscheidung über Klagen gegen Anordnungen des Landrats, des Regierungspräsidenten oder einer höheren Verwaltungsbehörde, einschließlich der Selbstverwaltungsbeschlußbehörden. Das OVG. soll unverändert bleiben. Zu Erreichung der Einheitlichkeit der Rechtsprechung soll die Zahl seiner Senate möglichst nieder gehalten werden. Vorbedingung sei Einrichtung echter Gerichte, zum mindesten in der Provinzialinstanz. Nur dann könne man das OVG. ohne Schädigung des Gefühls der unbedingten Rechtssicherheit ausschließlich als Revisionsinstanz fungieren lassen, eine Revisionssumme einführen und für unbedeutende Sachen das Urteil der Provinzialinstanz endgültig sein lassen."

Der Ausdruck „echtes Verwaltungsgericht" stammt von Drews. Es ist ein solches, dessen Richter sachlich und persönlich unabhängig sind. Auf dem erwähnten Juristentage in Reichenberg findet Drews mit seiner Forderung nach Errichtung echter Verwaltungsgerichte bei sämtlichen Rednern einstimmigen Anklang, was im angenommenen Leitsatze 5 zum Ausdrucke kam: „Es ist erforderlich, daß den Verwaltungsrichtern die gleiche Unabhängigkeit eingeräumt wird, die den Zivilrichtern durch die Verfassung gewährleistet ist." Diese einmütige Stellungnahme kann nicht leichthin mit den Worten Hofackers („die Neugestaltung der öffentlichen Verwaltung" 1926 S. 47) abgetan werden: „Man darf sich keiner Täuschung darüber hingeben, wohin uns die Theoretiker (— Drews dürfte doch wohl den Praktikern im eminentesten Sinne zuzurechnen sein —) führen wollen. Sie beanspruchen große Staatsmittel, um in einem, in drei Instanzen nach Art des ordentlichen Gerichtsverfahrens aufgebauten neuen System von Verwaltungsgerichten ihr selbst erfundenes und staatsgefährliches Spiel mit Worten vorführen zu können." Immerhin geben auch die Worte eines so erfahrenen Praktikers und hochstehenden Wissenschaftlers wie Hofackers allen Anlaß zur sorgfältigen Überprüfung der Frage.

Justizstaatliche Einbrüche in das öffentliche Recht.

Nicht zu leugnen ist, daß die Verwaltungsgerichtsbarkeit schon seit langem sich in einer zwar nicht besonders starken, aber doch fühlbaren, mehr latenten Vertrauenskrisis befindet. Sie findet in den Worten Launs auf dem Jur.-Tag in Reichenberg ihren beredten Ausdruck: „Eine sog. Verwaltungsgerichtsbarkeit, die nicht in den Händen unabhängiger Richter ruht, ist eine Verwaltung, die mit einem gerichtsähnlichen Verfahren umgeben ist, weiter nichts. Denn nicht unabhängige Organe sind den Befehlen und Wünschen von oben ausgesetzt, können diesen keinen Widerstand entgegensetzen, ja sie sind verpflichtet, zu gehorchen." (a. a. O. 251). Und Walter Jellinek prägte auf der Tagung der Staatsrechtslehrer in Leipzig den Leitsatz: „Der Rechtsschutz durch ordentliche Gerichte ist besser als der Rechtsschutz durch mangelhaft organisierte Verwaltungsgerichte, insbes. Scheinverwaltungsgerichte." (Veröff. S. 120). Nur so sind die immer wieder auftauchenden justizstaatlichen Forderungen (siehe oben S. 16 Anm. 21), ferner die justizstaatlichen Bestimmungen der RV. Art. 129 über die vermögensrechtlichen Ansprüche der Beamten, Art. 131 über die Amtshaftung und Art. 153 über die Entschädigung bei Enteignungen zu erklären. Nur von dieser Einstellung heraus, läßt sich die Überstreckung der Zivilgerichtsbarkeit, insbes. vieler Entscheidungen des Reichsgerichts auf wichtigen, ihm an sich entzogenen Gebieten des öffentlichen Rechts verstehen. Ich erinnere hier an die ungeheure Tragweite, die der Art. 131 RV. erst durch die Rechtsprechung des Reichsgerichts (Reichsgericht Z. 102 S. 166ff. und Beschluß vom 20. Febr. 1923 gemäß Art. 13 II RV., Reichsgesetzbl. 1923 I 292) erhalten hat (Näheres bei W. Jellinek VR. 316); an die für das öffentliche Recht geradezu verheerende Auslegung des Begriffes Enteignung (Näheres bei Hofacker, Grundrechte und Grundpflichten der Deutschen 1924 S. 44ff. und „die Verkehrssicherungspflicht" 1929, neuestens das Urteil des 3. Sen. des RG. v. 28. Febr. 1930 in Sachen Betcke gegen die Stadt Berlin abgedr. in DJZ. 1930 Sp. 699, ein Urteil, daß zur Vermeidung von schweren Schäden des öffentlichen Gemeinwesens geradezu den Reichsgesetzgeber mobil machen muß). Zu erwähnen ist hier auch die Entscheidung des Reichsgerichts in Zivilsachen Bd. 92 310, wo dem § 13 GVG. eine vollkommen neue erweiterte Auslegung gegeben wird.[42])

Hofacker wirft dem Reichsgericht schlechthin vor, daß es um seine Machtfülle zu erweitern, aus „rechtspolitischen Gründen" die vielfach beanstandeten Überstreckungen vorgenommen habe. Doch ist, abgesehen von einer etwaigen ausdrücklichen und unzweifelhaften gesetzlichen Festlegung der zivilgerichtlichen Zuständigkeit auch für öffentlichrechtliche Ansprüche,[41]) dem Reichgericht zugute zu rechnen, daß es vielfach seine Zuständigkeit bei öffentlichrechtlichen Streitsachen nur wegen des von ihm heilig gehaltenen Rechtsschutzprinzips aus dem Grunde zu halten versucht, weil bei Ablehnung seiner Zuständigkeit in Anbetracht der derzeit noch bestehenden Aufzählungsmethode der deutschen Verwaltungsgerichtsgesetze vielfach ein Rechtsschutz durch Verwaltungsgerichte, namentlich durch unabhängige Verwaltungsgerichte versagt wäre.[42])

Von diesem Blickpunkt aus bestände an der Erfüllung der Forderung nach Errichtung echter Verwaltungsgerichte ein hohes, staatspolizeiliches Interesse, nämlich die Forderung nach Wahrung der Belange des öffentlichen Rechtes, nach

---

[41]) Z. B. für die Beamtenhaftung nach § 839 BGB., für vermögensrechtliche Ansprüche der Beamten nach Art. 129 RV., für die Höhe der Entschädigung bei Zwangsenteignungen nach Art. 153 RV.

[42]) Als Beleg hierfür verweise ich u. a. auf RGZ. 92, 310. Eine Stadtgemeinde hatte mit einem Kleinbahnunternehmer gemäß § 6 des preuß. Kleinbahngesetzes vom 28. Juli 1892 (G. S. 225) einen sog. Zustimmungsvertrag abgeschlossen, demzufolge die Stadtgemeinde als wegbaupflichtig zur Benützung der öffentlichen Wege ihre Zustimmung gab, wogegen der Kleinbahnunternehmer sich verpflichtete, die Fahrpreise in bestimmt festgesetzter Höhe zu halten. Als der Unternehmer die Fahrpreise einseitig erhöhte, klagte die Gemeinde auf Unterlassung der Erhöhung. „Für den Klageanspruch", so nimmt das Reichsgericht an, wäre„ der Rechtsweg zulässig, jedoch nicht, weil der Anspruch ein rein zivilrechtlicher ist, sondern weil er, obwohl ein öffentlich-rechtlicher, doch als ein bürgerlich-rechtlicher im Sinne des § 13 GVG. anzusehen ist." „§ 13 GVG. muß dahin verstanden werden, daß als bürgerliche Rechtsstreitigkeit anzusehen ist, was nach der zur Zeit der Erlassung des GVG. geltenden Rechtsauffassung oder nach der Auffassung des in Betracht kommenden späteren Gesetzes durch ordentliche Gerichte zu entscheiden ist." Dieses Urteil bedeutet in der Rechtsprechung des RG. eine vollkommene Neuerung. Der Grund hierzu ist nach der Untersuchung Lassar's (öffentlich-rechtliche Abhandlungen von Triepel-Kaufmann-Smend 1921 Bd. 1 Heft 2 S. 67) folgender: Die Entwicklung der Rechtsordnung, die zur Einbeziehung früher privatrechtlicher Verhältnisse unter die Herrschaft der Verwaltungsrechtsordnung geführt hatte ... konnte zu zwei Ergebnissen führen. Entweder verblieb man dabei, daß die ordentlichen Gerichte nur über Ansprüche aus privat-rechtlichen Verhältnissen zu entscheiden hatten, eine Auffassung, die sich mit der ursprünglichen Zuständigkeit deckte, dann war die unvermeidliche Folge, daß, entsprechend der Ausdehnung des öffentlichen Rechtes auf Kosten des Privatrechtes die ordentliche Gerichtsbarkeit eingeschränkt wurde. Jedes Institut, für das infolge dieser Umbildung nicht mehr Privatrechtssätze, sondern solche des öffentlichen Rechtes gelten, wurde eben durch diese, innerhalb des materiellen Rechtes erfolgte Wandlung der ordentlichen Gerichtsbarkeit entzogen. Daraus ergab sich dann aber weiter, daß, soweit die Zuständigkeit von Verwaltungsgerichten nicht begründet wurde — und das war regelmäßig der Fall — ausschließlich diejenige von Verwaltungsbehörden in Frage kam, da nach preußischem Recht gemäß LVG. § 7 Abs. 2 die Zuständigkeit der Verwaltungsgerichte nur soweit besteht, als sie durch ein besonderes Gesetz bestimmt ist. Oder, das war die andere Möglichkeit, man hielt an der nach geltendem Recht bestehenden Beschränkung der ordentlichen Gerichtsbarkeit auf strittige Privatrechtsansprüche nicht fest, sondern unterstellte ihr im Bewußtsein der ihr eigenen rechtlichen Natur auch öffentlich-rechtliche Ansprüche, nämlich diejenigen, die früher privat-rechtlich gewesen waren, jetzt aber zum Verwaltungsrecht gehörten. Angesichts dieser Doppelfrage entschied sich das Reichsgericht für die letztere Möglichkeit, weil ihm der entgegengesetzte Standpunkt, auf Grund dessen „jeder Rechtsschutz für die betreffenden Ansprüche wegfällt", wegen dieser verfahrensrechtlichen Folge als mit dem Sinne der Rechtsordnung im Widerstreit befindlich erschien." (Sperrung von hier). Mit Recht hat daher Jellinek auf der schon öfters erwähnten Tagung der Staatsrechtslehrer den Leitsatz geprägt: „Der Rechtsschutz durch ordentliche Gerichte ist besser als der Rechtsschutz durch mangelhaft organisierte Verwaltungsgerichte, insbesondere Scheinverwaltungsgerichte". (Veröffentlicht S. 420.)

Unabhängigkeit der Verwaltungsgerichtsbarkeit gegenüber der Zivilgerichtsbarkeit. Gerade Hofacker[43]) ist einer der lebhaftesten und unermüdlichsten Verfechter dieser Forderung. Immer wieder weist er mit Recht auf die Überstreckung der Zivilgerichtsbarkeit hin. Von vornherein sei hier hervorgehoben, daß die Auffassung mancher Wissenschaftler, daß es einen Unterschied zwischen öffentlichem und Privatrecht überhaupt nicht gebe (insb. die jüngere österr. Schule, Hauptvertreter Kelsen im Archiv f. öff. Recht 31, 53) und daß die Forderung, auch die Entscheidung der öffentlich-rechtlichen Streitfälle den ordentlichen Zivilgerichten zu übertragen (neuestens noch Binder, im „Prozeß und Recht" 1927 S. 343 Anm. 2) für mich nicht erörterbar ist. Das öffentliche Recht hat gerade in den letzten Jahrzehnten einen ausgedehnten Aufschwung in seiner wissenschaftlichen Begründung, in seinem Ausbau erlebt. Die ganze Bevölkerung und die überwiegende Mehrzahl der Schriftsteller hat sich auf den Standpunkt der notwendigen materiellen wie verfahrensrechtlichen Scheidung von öffentlichen und privaten Rechten gestellt. Die Weiterentwicklung beider Rechtsgebiete kann auch nur unter Beachtung und Aufrechterhaltung, ja unter noch schärferer Ziehung dieser Trennungslinie zum Gedeihen insb. des öffentlichen Rechtes vor sich gehen. Nach den zusammenfassenden Worten Triepels hat sich auf der Tagung der deutschen Staatsrechtslehrer in Leipzig 1925 „die Mehrheit für Verwaltungsgerichte im heutigen Sinne und gegen den reinen „Justizstaat" ausgesprochen. Fast alle Redner waren für die Generalklausel" (Veröff. S. 121). Für denjenigen, der die Trennung zwischen öffentlichem und privatem Recht für richtig hält, die Entscheidung von öffentlichrechtlichen Streitigkeiten in den Händen eigener Verwaltungsgerichte besser gewahrt findet, als in denen der ordentlichen Gerichte, der für den rechtsstaatlich notwendigen Ausbau der Verwaltungsgerichtsbarkeit eintritt, ist es eine naheliegende Forderung, unter den höchsten Verwaltungsgerichtshöfen mindestens noch einen Rechtszug vor echten unteren Verwaltungsgerichten event. zugleich mit Aufstellung einer Generalklausel (hierüber S. 25) zu gewähren. Allein, wenn man näher zusieht, bewahrheitet sich doch auch hier das Wort des Dichters „Nah beieinander wohnen die Gedanken, doch hart im Raume stoßen sich die Sachen."

Keinesfalls könnte, um die bayerischen Verhältnisse im Auge zu behalten, für den Amtssprengel jeder Bezirksverwaltungsbehörde (Bezirksamt, kreisunmittelbare Stadt) ein echtes Bezirksverwaltungsgericht und ebensowenig für jeden Regierungsbezirk ein solches errichtet werden. Es würde der Anfall von Streitsachen nicht so zahlreich sein, daß die Gerichte in diesem örtlich beschränkten Gerichtsbezirke genügend alimentiert wären. Die Bezirksverwaltungsgerichte müßten auf alle Fälle die Amtssprengel mehrerer Bezirksverwaltungsbehörden,

---

[43]) In Arch. f. ziv. Pr. Bd. 118 S. 281 ff.; „der logische Aufbau des deutschen Rechtes" 1924 bei Kohlhammer, Stuttgart. Hofacker weist darauf hin, daß das Reichsgericht zwar

a) den durchaus richtigen Grundsatz aufgestellt, daß für die Abgrenzung der bürgerlichen Rechtsstreitigkeiten von anderen Streitigkeiten, nicht der Titel, auf den der Kläger sich stützte, sondern der Streitgegenstand maßgebend sei. Das Reichsgericht habe aber diesen seinen eigenen Grundsatz nicht durchgeführt, sondern

b) gewisse Titel, bloße Folgen und Ausflüsse einer bürgerlichen Rechtsstreitigkeit zum Einteilungsgrund zwischen Streitigkeiten ordentlicher Zivilrechtsprechung und öffentlicher Rechtsstreitigkeiten gemacht, wie „das vermögensrechtliche Interesse", „den Rückerstattungsanspruch", „den Anspruch aus unerlaubter Handlung", und „aus Geschäftsführung ohne Auftrag". Es habe sich bald gezeigt, daß der richtige Grundsatz a) durch b) vielfach abgeschwächt und ausgeschaltet wurde. Das Reichsgericht habe daher öfters „die wiederkehrenden Versuche, öffentlich-rechtliche, dem ordentlichen Rechtsweg entzogene Ansprüche .... vor den Zivilrichter zu bringen, sei es durch Aufmachung einer Schadensersatzforderung, sei es durch Aufstellung einer Sache durch einen bürgerlichen Vorgang zu verschleiern, zurückweisen müssen. (Belegstellen hierzu bei Hofacker und in den Kommentaren zum GVG. § 13.)

die Regierungsverwaltungsgerichte mehrere Regierungsbezirke umfassen. Das hätte also in den meisten Fällen auch eine örtliche Trennung des Verwaltungsgerichtes von dem Sitz der gleichstufigen Verwaltungsbehörde, damit eine gewisse, anfängliche Erschwerung in der Abwicklung des Rechts- und Streitverhältnisses zur Folge. Die Verwaltungsstreitsachen entwickeln sich vielfach erst im Laufe eines Verwaltungsverfahrens, z. B. bei den aus Verkehrssicherungsgründen notwendigen Maßnahmen zur besseren Instandhaltung eines Weges oder einer Brücke entwickelt sich der Streit über die Unterhaltspflicht oder ein Streit über den Lauf der Gemeindegrenze. Die aktive Verwaltungsbehörde, bei der die Verhandlungen bisher angefallen sind, die die örtlichen, sachlichen und persönlichen Verhältnisse genauestens kennt, müßte ihr Verfahren aussetzen und die Akten zur Entscheidung des nun entstandenen Rechtsstreites an das entfernte Verwaltungsgericht senden.[44])

Jetzt wird in Bayern in solchen Fällen einfach von der Verwaltungsbehörde das bisher bei ihr anhängige, reine Verwaltungsverfahren von Amtswegen übergeleitet in das Verwaltungsgerichtsverfahren und von ihr nach den Grundsätzen des VGG. zur Durchführung gebracht. Das selbständige Verwaltungsgericht aber müßte sich neu die nötige Akten-, Orts- und Personenkenntnis aneignen. Die aktive Verwaltungsbehörde, die der ganzen sedes materiae nahegerückt ist, die später den Streit doch zu entscheiden hätte, hat bei der jetzigen Regelung ein Interesse daran, ihn durch Vergleich aus der Welt zu schaffen. Durch Personalkenntnis und die im eigenen Verwaltungsbezirke von selbst gegebene Autorität ist ihr der Abschluß von Vergleichen auch viel leichter möglich, als einem fremden, ferner stehenden Richter. Oder umgekehrt: Anläßlich eines sich ergebenden Verwaltungsrechtsstreites zeigt sich die Notwendigkeit vorsorglichen Eingreifens, das doch nur der aktiven Verwaltungsbehörde, niemals dem Verwaltungsrichter eingeräumt werden könnte, z. B. 2 Gemeinden streiten sich über die Baupflicht einer baufälligen Brücke. Die Baufälligkeit nimmt einen Grad an, der bei dem völlig passiven Verhalten der streitenden Gemeinden das vorläufige Eingreifen der Bezirksverwaltungsbehörde veranlaßt. Bei Beurteilung der Frage, gegen wen sie ihre vorsorgliche Maßnahmen richten soll, wird sie sich jedenfalls leichter tun, wenn sie den ganzen Rechtsstreit, insb. die Parteibehauptungen bereits kennt. Alle diese Vorteile würden bei Einrichtung selbständiger, örtlich getrennter Verwaltungsgerichte wegfallen. An das Auftauchen von negativen Zuständigkeitskonflikten ist ebenfalls zu denken und müßte für Entscheidung solcher Zuständigkeitsstreitigkeiten wiederum eine eigene neutrale Kompetenzkonfliktsstelle geschaffen werden, während jetzt die Zuständigkeitsfrage von der für beide Gebiete (Verwaltung, Verwaltungsgerichtsbarkeit) zuständigen Verwaltungsbehörde incidenter entschieden wird. Außerdem wird es bei der jetzigen Verbindung von Verwaltungsbehörde und Verwaltungsgericht manchmal möglich sein, gleichzeitig mit dem verwaltungsrichterlichen Ausspruch eine notwendige Verfügung der aktiven Verwaltungsbehörde zu verbinden. Das wäre künftig nicht mehr möglich. Ein Beispiel bietet nach der jetzigen, von mir allerdings angefochtenen Gesetzeslage der Art. 51 Bayer. WassG., der u. a. vorschreibt, daß bei Genehmigung von Stauanlagen an öffentlichen Gewässern in dem nach Art. 177, 178 WG. vom Verwaltungsrichter zu erlassenden Genehmigungsbescheid gleichzeitig gesonderter Ausspruch über die nach Art. 43 Abs. I, II und Art. 46 von der Verwaltungs-

[44]) Allerdings ist zuzugeben, daß die Abgabe von Verhandlungen seitens der Verwaltungsbehörde, bei der die Verhandlungen zunächst laufen, an eine andere verwaltungsgerichtlich zuständige Stelle (Regierungssenat) z. T. auch jetzt schon stattfindet. Z. B. in den Fällen des Art. 14 Abs. 2, 29 Abs. VII, 32, 42 BezO.

behörde zu erteilende Erlaubnis zur Wasserbenützung zu ergehen hat. Wird ein solcher nach Art. 51 WG. erlassener Bescheid mit Beschwerde zum Verwaltungsgerichtshof angefochten, so prüft der Verwaltungsgerichtshof zwar nach, ob die nach Art. 43, 46 erlassenen Bedingungen gesetzlich zulässig waren, aber nicht, ob sie auch nötig, zweckmäßig, der Billigkeit entsprechend, für den Unternehmer lästig, für die Durchführbarkeit des Unternehmens beschwerend sind u. dgl. (Verwaltungsgerichtshof 34, S. 220, 221; 49, S. 38). Zu beachten ist dabei, daß Art. 51 bay. WG. an sich begriffswidrig schon in den unteren Rechtsstufen verwaltungsrichterlich aufgezogen ist. Wenn künftig eine genaue Ausscheidung der echten Parteistreitigkeiten und sog. Anfechtungssachen erfolgen sollte, dann würde Art. 51 WG. in seinem ganzen Umfange unter die Anfechtungssachen eingereiht werden müssen. Aber das Beispiel aus dem Wasserrecht ist immerhin zweckdienlich und wurde gewählt, weil gerade diese auch nach dem jetzigen bayerischen Recht vielfach in die Erscheinung tretende nahe Verbindung zwischen Verwaltung und Verwaltungsgerichtsbarkeit wohl Hofacker für die württembergischen Verhältnisse zu seinem scharfen Urteil gegen das frühere WÜ. verwaltungsgerichtliche Parteistreitverfahren veranlaßt hat (Hofacker in WüZfRpfl. u. Verw. Bd. 20, 81 ff. und die Neugestaltung der öffentlichen Verwaltung 1926 S. 44). Nach Hofacker liegen reine Parteistreitigkeiten nicht schon dann vor, wenn in den Verwaltungssachen zwar einzelne (Parteien) sich gleichberechtigt gegenüberstünden; sondern sie müßten beide sich in Rechtsstellung gegenüberstehen. „Sie müßten über den Streitgegenstand selbst verfügungsberechtigt sein. Die Verwaltungsbehörde müßte unbeteiligt sein. Die den Streit entscheidende Stelle müßte reines Rechtsschutzorgan sein." Hofacker wirft dann die Frage auf, ob unser Verwaltungsrecht überhaupt für ein solches Parteistreitverfahren Raum lasse, um diese Frage vorbehaltlich genauerer Prüfung zu verneinen. Hofacker erklärt (in „Das Württ. Wasserrecht 1927", abgedruckt in den Mitteilungen des Deutschen Wasserwirtschafts- und Wasserkraftverbandes Nr. 19, insb. S. 53 ff.) rückblickend das württembergische Parteistreitverfahren — das bekanntlich durch die Neuregelung in Württemberg mit VO. vom 26. März 1924 (RegBl. S. 173) und Verordnung vom 24. März 1925 (RegBl. S. 41) beseitigt wurde — für unfruchtbar, es habe der Verschleppung gedient. Dieses Urteil mag für die württembergische frühere Regelung zutreffen; denn dort war es dem ausschließlichen Ermessen der Partei freigestellt, ob sie zunächst das Verwaltungsrechtsverfahren (bei Regierung und Verwaltungsgerichtshof) unter Beschränkung auf die Rechtsfragen durchführen und dann die Ermessensfrage vor den aktiven Verwaltungsbehörden (Oberamt, Regierung, Ministerium) anhängig machen oder ob sie in erster Linie sich dem Schicksal des Verwaltungsweges verschreiben wollte, wo dann Ermessen und Rechtsfrage zugleich geprüft werden konnten. Diese freie Wahl war allerdings unzweckmäßig und insoweit mag Hofacker Recht haben.[45]) Das Urteil trifft aber für bayerische Verhältnisse nicht zu, da hier, wenigstens in den unteren Stufen Verwaltung und Verwaltungsgerichtsbarkeit vereinigt war, daher der Verwaltung immerhin die Möglichkeit gegeben war, den Tatbestand soweit notwendig, zu formen, starren, unbrauchbaren Anträgen die nötige Richtung und Form zu geben. Daß es aber im öffentlichen Recht eine Reihe von echten Parteistreitigkeiten gibt, dürfte keinem Zweifel unterliegen. Nur ist zu beachten, daß sie stets unter den Scheinwerfer des öffentlichen Rechts gestellt sind und daher der Verwaltungsrichter immer die Belange des öffentlichen Rechts wird im Auge

---

[45]) Dem Vernehmen nach besteht an der württ. Regierung eine starke Strömung auf Wiederausscheidung und Sonderbehandlung echter Parteistreitsachen.

behalten und vor allem in jedem einzelnen Falle je nach Art des dem Rechtsstreit zugrunde liegenden Rechtsstoffes wird beurteilen müssen, ob ein etwa vorliegender Vertrag, Verzicht usw. mit den Erfordernissen des öffentlichen Rechts in Einklang zu bringen ist. Insoferne allerdings ist die als Verwaltungsrichter tätige Verwaltungsbehörde im Sinne Hofackers niemals unbeteiligt und niemals reines ausschließliches Rechtsschutzorgan. Für ein Verwaltungsgerichtsgesetz wird auf alle Fälle gefordert werden müssen, daß Verträge, Vergleiche, Verzichte usw. durch das nachfolgende verwaltungsgerichtliche Urteil ihre ausdrückliche Anerkennung und damit Vollstreckbarkeit erhalten. Legt man auf dieses immer hereinspielende öffentliche Moment besonderes Gewicht und bedenkt man, daß gerade je nach Würdigung und Beantwortung der Ermessensfragen, zu deren Beurteilung der nötige Sachverständigenapparat und die Erfahrung in erster Linie der aktiven Verwaltungsbehörde zur Verfügung steht, die mitspielenden Rechtsfragen häufig zurücktreten oder in neue Beleuchtung treten können, daß ferner die Unterscheidung in echte Parteistreitigkeiten und Verwaltungsbeschlußsachen und die damit notwendige verschiedene prozessuale Behandlung beider Gruppen, denen dann noch eine dritte Gruppe, die der einfachen Verwaltungssachen, an die Seite tritt, das Verwaltungsverfahrensgesetz und Verwaltungsgerichtsgesetz keinesfalls übersichtlicher gestaltet, so möchte man versucht sein die derzeit in Württemberg und Österreich bestehende Einrichtung, wonach nur eine einzige verwaltungsgerichtliche Instanz in dem höchsten Verwaltungsgerichtshof besteht, als die eigentliche, weil einfachste und zweckmäßigste Patentlösung zu betrachten. Immerhin wird man in den Ländern, in denen bis jetzt für echte Parteistreitsachen die Verwaltungsgerichtsbarkeit eingeführt ist, bei Beschreitung des in Österreich und Württemberg vorgezeigten Weges von einer Einschränkung des Rechtsschutzes, demzufolge auch von einem Rückschritt reden können. Auch wäre dieses der ungeeigneteste Weg, die justizstaatlichen Einbrüche in das öffentliche Recht (oben S. 39ff.) zu beseitigen.[46])

Für die Ablehnung von echten Verwaltungsgerichten unterster Stufe kommt noch ein anderes sachliches Moment in Betracht: Die Ausantwortung der Verwaltungsrechtspflege an die ordentlichen Gerichte wird in der Hauptsache damit abgelehnt, daß den ordentlichen Gerichten die Erfahrung in öffentlichen Dingen fehle. Das dürfte wenigstens zum Teil auch bei den Richtern der selbständigen Verwaltungsgerichte zutreffen, deren Tätigkeit sich in der Hauptsache auf die bei ihnen anfallenden, den verschiedensten Verwaltungsgebieten entnommenen und einzeln herausgestellten echten Parteistreitigkeiten beschränken würde. Die Mitglieder des Verwaltungsgerichts würden ihre Verbindung mit der aktiven Verwaltung zu sehr verlieren, es würde die Gefahr bestehen, daß ihre Rechtsprechung, bei der doch namentlich infolge des richterlichen Ermessens viel nahe Berührungspunkte mit den Interessen der aktiven Verwaltung (den öffentlichen Interessen) gegeben sind, allmählich ein versteinertes Antlitz tragen. Denn die Verwaltungsrechtssachen sind umgeben von der ganzen Luft des auch vom Verwaltungsrichter von Amtswegen zu beachtenden öffentlichen Interesses, sie sind gewissermaßen Rosinen, die in den Kuchen der aktiven Verwaltung eingewickelt sind. Die Gefahr der Verwaltungsentfremdung würde umsomehr eintreffen, als gerade bei den Verwaltungsgerichten unterster Stufe — im Gegensatz zum Verwaltungsgerichtshof, dessen Räte durchweg eine jahrzehntelange Verwaltungspraxis hinter sich

[46]) Ich kann mich daher für die Vorschläge D. Michels in Z. f. d. Heimatwesen 1930 Ziff. III S. 482/483 u. die seiner Vorgänger, Die Entscheidung der Fürsorgeverbandstreitigkeiten in letzter Rechtstufe einer reinen Reichs verwaltungs stelle zu übertragen nicht erwärmen. So auch Löwenthal in Z. f. d. H. 1930 S. 567/68.

haben — doch in erster Linie jüngere Herren der inneren Verwaltung, die noch nicht eine allzulange Verwaltungspraxis hinter sich hätten, zur Verwendung kommen müßten. Ihre zeitweise Abkommandierung an eine aktive Verwaltungsbehörde zur vorübergehenden Orientierung und Neubelebung ihrer Erfahrungen würde vielleicht nicht den genügenden Ersatz schaffen. Wenn man also schon einmal die Einrichtung von ursprünglicher Verwaltungsrechtspflege in den unteren Rechtsstufen für erforderlich hält, dann wird man Verwaltungsbehörde und das gleichstufige Verwaltungsgericht beieinander lassen müssen. Persönliche Unabhängigkeit wird man dann allerdings den Verwaltungsrichtern, die zugleich aktive Verwaltungsbeamte sind, nicht geben können, wohl aber — so bisher in Bayern — sachliche Unabhängigkeit, was umso leichter möglich und zweckmäßig ist, als es in echten Parteistreitsachen engster Auslese nichts zu „verwalten", sondern nur Recht zu sprechen gibt. Im übrigen ist den Anforderungen des Referats an die Person der Verwaltungsrichter der obersten Verwaltungsgerichtshöfe durchaus zuzustimmen.

Mittelweg.

Dagegen wäre die Schaffung echter Verwaltungsgerichte in der zweiten Rechtsstufe und über diesen beiden Rechtsstufen die Einrichtung des obersten Verwaltungsgerichtes als Revisionsgerichtes erwägenswert.[47]) Für das mittelstufige echte Verwaltungsgericht wäre der echte Parteistreit zufolge Vorbehandlung in der untersten Stufe schon in seinem ganzen Umfange, nach seiner Voraussetzung und seiner Begründung scharf abgegrenzt. Zuständigkeitsstreite würden kaum mehr auftreten. Die Orts-, Personen- und Sachkenntnis der unteren Behörde, ihre größere Befähigung zum Abschlusse von Vergleichen wäre schon ausgenützt. Auch würden nicht alle Streitsachen der ersten Rechtsstufe an die zweite gelangen, also immerhin eine finanziell fühlbare Einschränkung der echten Verwaltungsgerichte und damit auch ihre Erstreckung über größere Gerichtsbezirke ermöglichen. Die Tatsache, daß an den echten Verwaltungsgerichten zünftige, dauernd mit der Verwaltungspflege betraute Richter tätig werden, würde auf der anderen Seite eine schnellere Abwicklung und nach mancher Richtung auch bessere Entscheidung der Verwaltungsstreitsachen zur Folge haben. Diese Organisation hätte somit auch eine Entlastung des höchsten Verwaltungsgerichtes, jedenfalls durch Beseitigung der Nachprüfung der Tatfragen und eine Hinführung desselben zu seiner eigentlichen Aufgabe, der Findung des Rechts und der Wahrung der Rechtseinheit zur Folge. Die Einrichtung echter Verwaltungsgerichte in der (untersten oder) Mittelstufe hätte auf alle Fälle die Erfüllung der ohnedies aufzustellenden Forderung nach möglichst reiner Grenzscheidung zwischen Verwaltungsgerichtsbarkeit und aktiver Vermittlung zur Voraussetzung.

Immerhin dürften die oben gegen Errichtung echter Verwaltungsgerichte niederer Ordnung geltend gemachten Erwägungen zum Teil auch hier zutreffen, aber durch entsprechende Maßnahmen beamtenpolitischer Natur abgeschwächt und im Hinblick auf die staats- insbes. rechtspolitische Forderung (oben S. 40 in Kauf genommen werden können. Insbes. müßten Abkommandierungen der Verwaltungsrichter zur aktiven Verwaltung und Beförderung auf solche Stellen die Blutauffrischung und den nötigen Kontakt der Verwaltungsrichter mit der aktiven Verwaltung sichern. In der Zeit der Finanznot des Staates in der allge-

[47]) Nach Giese, Reichsverf. Art. 102 Anm. II, 2 setzt Art. 107 RV. echte Verwaltungsgerichte voraus. Drews in ZStaatsW. 1924 S. 602: „Für den obersten Gerichtshof ist die Nachprüfung tatsächlicher Feststellungen eine wesensfremde, ihn von seinem eigentlichen Zweck ablenkende Aufgabe."

meinen Forderung nach Behördenabbau würde gewiß auch die Kostenfrage eine Rolle spielen und das Ergebnis ihrer Prüfung besonders ins Gewicht fallen (s. hier 61/62).

Laien.

Laien sind für die Verwaltungsrechtspflege in der oben S. 4ff. geforderten streng system. Abgrenzung namentlich aber für den obersten Verwaltungsgerichtshof entschieden abzulehnen. Dem entgegenkommenden Referate S. 31 kann hier nicht beigetreten werden.[48]) Wenn Laien auf anderen Gebieten, z. B. bei Handelsgerichten oder dem Reichswirtschaftsgericht sich bewährt haben, so liegt dieses in den besonderen Verhältnissen begründet und daran, daß hier zu der Rechtsprechung besonders qualifizierte Laien mit eigenartigen fachmännischen Kenntnissen herangezogen werden oder daß, wie bei den Kaufmanns- und Gewerbegerichten oder bei den Spruchkammern in der Arbeiterversicherung sozialpolitische Gesichtspunkte eine Rolle spielen. Jedenfalls enthält gerade diese besondere Art von Gerichten ein deutliches Bekenntnis, daß in bürgerlichen Rechtsstreitigkeiten der Laie sich zum Richteramt der Regel nach nicht eignet (Wach, „Volksrichter und Berufsrichter" in Handbuch der Politik, Bd. I S. 319). Was aber Laien bei Entscheidung von regelmäßig schwierigen Rechtsfragen auf dem Gebiete des öffentlichen Rechts tun sollen, ist unerfindlich. Statt vieler Beispiele sei nur an die Nutzungsstreitigkeiten erinnert. Etwas anderes ist es, ob in Verwaltungsbeschlußsachen, also z. B. in Konzessions- und Erlaubnisverfahren und den hiemit zusammenhängenden Möglichkeiten des Widerrufs, teilweise wenigstens Laien zugelassen werden sollen. Drews in den Reden zur 50 Jahrfeier des pr. OVG. S. 14: Gegen die Verwendung von Laien in den unteren Instanzen ist in keiner Weise etwas einzuwenden; diese Teilnahme der Bevölkerung an der Verwaltung beruht auf dem kerngesunden alten deutschen Grundsatz der Beteiligung des Volkes selbst an der Verwaltung und Rechtssprechung." Die Beiziehung von Laien ist durch die unstreitig dem preuß. Rechtsgebiete nachgeahmte Bestimmung des § 21 RGewO. auch für Süddeutschland akut geworden. Vorerst hat § 21 der GewO. den Ländern die Wahl gelassen, ob sie die Kollegialbehörde in erster oder zweiter Rechtsstufe einrichten wollen, ferner, in welcher Weise die kollegiale Behörde aufgezogen werden soll. Die übrigen deutschen Staaten haben hier regelmäßig die Vertretungen der Selbstverwaltungskörper eingeschaltet z. B. die Kreis-, Bezirksausschüsse, die Kreis-, Bezirksräte, so daß in diesen Ländern § 21 GewO. zur Einführung der Laien in der untersten Stufe, vielfach auch in der mittleren, in einigen Ländern sogar in der höchsten Instanz geführt hat.[49])

[48]) Der dem Bayer. Landtag im Jahr 1869 vorgelegte 2. Entwurf eines VGG. sah die Errichtung echter Verwaltungsgerichte mit Laienbeisitzern vor. Der Entwurf mußte zurückgezogen werden (Verh. K. d. Abg. 1866/69 Beil. Bd. 5, 431, 599, auch Sten. Ber. Bd. 11, S. 222—248). Über die heute noch wertvollen Gründe wider die Laienbeisitzer, siehe die Motive zum 3. Gesetzentwurf (Verh. K. d. Abg. 1877/78 Beil. Bd. III S. 1ff., auch bei Kahr, Komm. z. VGG. 1879 S. 43, 47, 49 Anm.). Auch die Ausführungen D. Michels, der in Z. f. das Heimatwesen 1930 S. 482 für das RVG. als Aufnahmestelle des BAfH. die Zuziehung von Laien fordert, vermögen mich nicht wankend zu machen. Dem Bedürfnis nach Zuziehung von Richtern, die in der Fürsorge praktische Erfahrungen gesammelt haben, kann auf dem Wege des § 2 Abs. 2 des Rechtsentw. über ein RVG. Rechnung getragen werden. Der gegenüber dem BAfH. versteckte Vorwurf der Rechtsprechung vom „grünen Tisch" u. der „Überspannung formalrechtlicher Gedankengänge" erscheint mir nicht begründet u. hätte vom Verfasser näher belegt werden müssen. (S. auch die krit. Bemerkung der Schriftleitung, die hier in Ziff. 1 nicht ganz mitgeht u. Löwenthal in Z. f. d. H. 1930 S. 567.

[49]) Einen Überblick über den derzeitigen Stand in den wichtigsten deutschen Ländern habe ich in Bl. f. a. Pr. Bd. 71 S. 145 Anm. 4 gegeben. Bezüglich Österreich, wo eine Mitwirkung von Vertretern der Bevölkerung an der Besorgung der Aufgaben der Bezirkshauptmannschaften in keiner Weise mehr vorgesehen ist s. Manlicher in „Reich und Länder"; Sonderdruck S. 2.

Bayern ist hier seinen eigenen Weg gegangen und hat bei den unteren Verwaltungsbehörden (Bezirksämtern — die unmittelbaren Städte haben ohnedies in ihren beschließenden Stadträten das Kollegialsystem —) im Interesse der Vereinfachung, schnelleren und zügigeren Verwaltung das bürokratische System beibehalten, dagegen den Erfordernissen des § 21 GewO. dadurch Rechnung getragen, daß über die Rekurssachen der GewO. bei den Regierungen die Regierungssenate in der Besetzung von drei höheren Verwaltungsbeamten entscheiden, was wiederum Gewähr für eine äußerst gediegene wissenschaftliche, praktische und objektive Gesetzesanwendung bietet. Gegenüber der aus Preußen übernommenen Vorschrift des § 21 GewO. sei hervorgehoben, daß in Bayern seit Einführung der GewO. nur einmal der Wunsch nach Einschaltung der Selbstverwaltungskörper geäußert wurde und in Art. 23 des SelbstverwG. v. 22. Mai 1919 (GVBl. S. 239) seinen gesetzgeberischen Ausdruck gefunden hat. Art. 23 ist durch die neue BezO. wieder beseitigt worden. Bayern hätte also keinen Anlaß, von seinem bewährten Systeme abzuweichen, es müßte denn sein, daß hier nun in Verbeugung vor dem demokratischen Gedanken der Selbstverwaltung des Volkes und seiner Beteiligung an der Staatsverwaltung wenigstens in gewissem Rahmen, ferner namentlich aus Gründen der Ersparnis bei den Regierungen durch Einziehung von Beamten daselbst, die Einrichtung der Senate beseitigt und dafür das Kollegialsystem bei den Bezirksämtern, dann allerdings wohl nur in der Form der Beiziehung von zwei Laienbeisitzern aus einer von der Bezirksgemeinde aufgestellten Liste, keinesfalls des Bezirksausschusses (ebenso Apelts Referat, 31 oben) in Kauf nehmen wollte. Wenn man bedenkt, über welche Bagatellsachen jetzt der dreimännige Regierungssenat entscheiden muß — ich erinnere z. B. an die Bestimmungen des Gaststättengesetzes, des Gesetzes vom 11. Febr. 1929 zu §§ 104b, 104qu GewO.; des Reichsmilchgesetzes, so kann man diese Regelung in der jetzigen Zeit notwendiger Behörden- und Beamteneinsparung kaum verantworten. Will man die jetzige Beweglichkeit der Bezirksämter (die Stadträte kommen bei dieser Erwägung nicht in Betracht) erhalten, ihnen also zum Vollzuge des § 21 GewO. nicht einmal 2 Laien beisetzen, so könnte man auch erwägen, ob nicht bei den Regierungssenaten an Stelle der beiden juristischen Beisitzer 2 Laien aus einer vom Kreistage vorgeschlagenen Liste eingeführt werden sollte.[50])

---

[50]) Für beide Wege lassen sich Gründe dafür und dagegen ins Feld führen. Mitwirkung der Laien bei den Bezirksämtern wird die praktische Lebenserfahrung und Sachkunde der Laien auf manchen Gebieten bei Findung und Erlassung des Gestaltungsaktes nützen lassen und das Laien-nstitut beim Volke beliebt machen (für Preußen s. auch Drews in Z. f. d. ges. Staatsw. 1924 S. 606). Auch die künftige Reichsgesetzgebung scheint mir mehr im Sinne der derzeitigen Regelung der übrigen deutschen Länder zu verlaufen. Ferner wurde der Schutz des Vorsitzenden gegen Überstimmung durch Einräumung des Anfechtungsrechtes in erster Stufe leichter einzurichten sein. Endlich ist zu beachten, daß wir in Bayern jetzt schon bei denBezirksverwaltungsbehörden in einigen Fällen ein Kollegium haben, so bei den unmittelbaren Stadträten und Polizeisenaten, die gemischte Kommission nach Art. 110 Abs. I des Forstges. v. 4. Juli 1896, die Ausschüsse bei Aufforstungen nach Art. 12, 14 des Aufforstungsges. v. 22. Dez. 1921, die Spruchausschüsse der Flurbereinigungsämter nach Art. 74 Abs. I des FlurberG. v. 5. Aug. 1922. Andererseits bringen die nahen lokalen und persönlichen Beziehungen manche Gefahr (Beeinflussung usw.) mit sich. Gerade diese Gefahr wird bei den den Regierungssenaten beigegebenen Laien weniger in die Erscheinung treten. Ferner spricht für diesen Weg, daß an die Regierung von selbst nur ein Teil der bei den Bezirksverwaltungsbehörden erledigten Fälle kommt. Die Laienbeisitzer, deren Zahl ohnedies geringer wäre (ein nicht zu unterschätzender wirtschaftlicher Gesichtspunkt), würden auch der Sitzungszahl nach weniger oft beansprucht werden müssen. Die mit jeder „kollegialen" Beschlußfassung verbundene Verlangsamung des Verfahrens wird für die Rechtsmittelstufe leichter in Kauf genommen werden können als von den auf lebendige, flüssige Verwaltung angewiesenen Bezirksämtern. Die Stadträte beschließen ohnedies im Kollegium, Art. 22 GemO. Der zweite Weg dürfte dann stärker erwogen

Einheitlichkeit für die gesamte Verwaltung.

Wegen der Verbindung der selbständigen unteren Verwaltungsgerichte mit den Oberversicherungsämtern, Finanzgerichten, Versorgungsgerichten usw. erwartet das Referat selbst keine Verwirklichung für die nahe Zukunft. Da die Vorfrage nach der Errichtung echter Verwaltungsgerichte noch nicht spruchreif ist, dürften sich hier Ausführungen wegen des Anschlusses weiterer Spruchbehörden, dem sicherlich ein äußerst gesunder Gedanke zugrunde liegt, erübrigen.

Unterschied zwischen Stadt- u. Landprozessen.

Dagegen ist in diesem Zusammenhange eine andere Organisationsfrage zu behandeln. Drews weist in seiner Abhandlung in ZStaatW. 1924 S. 601 mit Recht auf den mißlichen Umstand hin, daß die Zuständigkeit der Verwaltungsgerichte verschieden ist, je nachdem die Streitsachen in einem Landbezirke oder in dem Bezirke einer Stadt anfallen. Für die ersteren ist der Kreisausschuß, für diese der Bezirksausschuß zuständig und danach ändert sich auch die höhere Instanz. Eine solche Ordnung, die „Stadtprozesse" eine Stufe höher rangiert, als „Landprozesse", sei mit dem Grundsatze der allgemeinen Gleichheit vor dem Recht wohl kaum vereinbar. Sie erschwert aber auch die Gesetzgebung und insbes. die Gesetzesanwendung seitens des einzelnen wie seitens der Behörden. Ähnlich ist es auch in Bayern. Auch hier ist[51]) für bestrittene Rechtsansprüche und Verbindlichkeiten, die auf dem Gemeindeverbande beruhen (Dyroff a. a. O. 393 Anm. bb) an Stelle des sonst für Verwaltungsrechtssachen zuständigen Stadtrats[52]) die Regierung, Kammer des Innern, im dreigliedrigen Senate zur Entscheidung berufen (Dyroff, Art. 9 Anm. III). Drews fordert für die Landkreise die Errichtung selbständiger echter Kreisverwaltungsgerichte, bestehend aus einem Verwaltungsrichter und 2 vom Kreistage gewählten Verwaltungsschöffen. Der Verwaltungsrichter müsse die Prüfung für den höheren Verwaltungsdienst oder zum Richteramte abgelegt haben, könne hauptamtlich oder nebenamtlich bestellt werden, hiernach aus den Kreisen der ordentlichen Richter, Syndici öffentlicher Körperschaften, Rechtsanwälten usw. genommen werden; für die Stadtkreise ein ebenso konstruiertes Stadtverwaltungsgericht, wobei so wenig wie für das Landkreisgericht der Landrat oder andere politische Beamte, hier der Bürgermeister oder ein Magistratsmitglied Vorsitzender sein dürfe. Hierbei könnten sich die kreisangehörigen Städte zwecks Errichtung und Unterhaltung eines Stadtverwaltungsgerichtes zu einem Zweckverbande zusammenschließen oder für die städtischen Verwaltungsstreitsachen das Kreisverwaltungsgericht für zuständig erklären.

Der an sich bestechende Gedanke ist für Bayern, wo leider auch der Unterschied von Stadt- und Landsachen besteht, beim augenblicklichen Stande der Gesetzgebung schwer durchführbar. Wie bereits S. 41ff. ausgeführt, wird die Errichtung von echten Verwaltungsgerichten in den untersten Rechtsstufen für

werden, wenn § 28 des Entw. eines RVG. Gesetz würde, da dann für die vor das RVG. kommenden Fälle der dreigliedrige Senat für die Fälle der echten Parteistreitsachen u. Feststellungssachen das Regierungsverwaltungsgericht eingeschaltet, d. h. beibehalten werden müßte. Er wäre das Regierungsverwaltungsgericht mit 3 Juristen und bei Erlassung von Gestaltungsakten im Sinne unserer Ausführungen der Regierungsbeschlußsenat mit einem Juristen als Vorsitzenden und Referenten und zwei Laienbeisitzern (zwangsläufig nur in den Fällen des § 21 der GewO.) der zunächst ins Auge zu fassende Weg.

[51]) Von einigen Ausnahmefällen abgesehen, in denen die „Bezirksverwaltungsbehörden" schlechthin, also auch dann Rechtsstufe sind, wenn die unmittelbaren Städte in der Streitsache beteiligt sind (Dyroff, VGG. 5. Aufl. S. 301).

[52]) Der übrigens in solchen Fällen in der Besetzung von mindestens 5 Mitgliedern entscheiden kann (Art. 30 VGG.).

nicht erforderlich, ja zum Teil für bedenklich gehalten, sodann würde die Besetzung der Vorsitzenden-Stellen dieser Stadt- und Kreisverwaltungsgerichte mit Herren aus den Kreisen der Richter, Syndici, Rechtsanwälten usw. mit der sonst aufgestellten Forderung, daß die Verwaltungsgerichte in ihrem eigenen Interesse von zünftigen, aus der Verwaltungspraxis hervorgegangenen Verwaltungsrichtern ausgeübt werden müsse, im Widerspruch stehen. Auch wird es sich fragen, ob man in allen Fällen zur Übernahme dieses, namentlich für einen Fernstehenden nicht leichten Richteramtes bereits Kräfte in hinreichender Zahl wird gewinnen können. Endlich könnte man in Bayern schon wegen der Kostenfrage wohl nur Städte mit 10000 und mehr Einwohner einem solchen Zwang unterstellen, die anderen 21 unmittelbaren Städte Bayerns unter 10000 aber bei dem nächstliegenden staatlichen Bezirksverwaltungsgericht Recht nehmen lassen. Diese Klassifizierung dürfte wohl nicht ganz mit Unrecht auf Widerstand stoßen. Dazu kommt, daß dann auch für die Bezirksämter solche Verwaltungsgerichte mit einem Vorsitzenden und mit Laienbesitzern eingerichtet werden müßten, was gegenüber dem derzeitigen Zustand und bei der Ablehnung von Laien für die Verwaltungsrechtspflege eine entschiedene Verschlechterung bedeuten würde Werden jedoch in der Mittelstufe durchweg die Regierungen eingeschaltet oder gar echte Verwaltungsgerichte eingeführt, so könnte wohl bei einigem guten Willen die einheitliche erststufige Zuständigkeit auf die Bezirksverwaltungsbehörden übertragen werden, da die Urteile der verwaltungsgerichtlichen Stadtsenate dann durch die echten Verwaltungsgerichte mittlerer Stufe und durch das Revisionsgericht (VGH.) hinreichende Überprüfung erfahren würden.

4. Verfahren.

Verwaltungsinstanzen, Verwaltungsgerichte.

Wenn hier das Referat fordert, daß der individuelle Ausbau der Verwaltungsbehörden und des Verfahrens hinsichtlich der Zweckmäßigkeit und Notwendigkeit durchaus den Ländern überlassen werden müsse, so ist dem mit Rücksicht auf die ebenfalls erwähnte sachliche Verschiedenheit der Verwaltungsangelegenheiten und die verschiedenen örtlichen Bedürfnisse zuzustimmen. Ebenso ist der hiefür formulierte, allgemeine Grundsatz als richtig festzuhalten: Daß, soweit irgendmöglich, der Vollzug der Verwaltung in die Hände der unteren Verwaltungsbehörden gelegt werden muß. Sicherlich lassen sich auch für das Rechtsschutzverfahren vor den Verwaltungsgerichten gewisse allgemeine Richtlinien vereinbaren. Allein das Referat deutet selbst schon an, daß nur ein „allgemeiner Verfahrenstyp" aufzustellen wäre, dessen Anwendung, Auffüllung oder Abänderung im Einzelnen den Ländern überlassen werden müßte.

A.

Den hier aufgestellten Forderungen (allgemeine Grundsätze, Rechtsmittel, Gehör, mündliche Verhandlung, Vorbereitung der Entscheidungen, Verfahren vor der obersten Instanz) kann in der Hauptsache zugestimmt werden. Nur folgender Vorbehalt dürfte vom bayerischen Standpunkt aus zu machen sein. Es soll der Anfechtende, wie die Behörde, gegen deren Verfügung sich das Rechtsmittel wendet, mündliche Verhandlung vor dem Verwaltungsgerichte beantragen können (31 Mitte). Bayern lehnt bei Anfechtungen von Staatshoheitsakten (oder wie in Preußen auch für die Einleitung und Durchführung von Staatshoheitsakten, wie z. B. Widerruf einer Wirtschaftskonzession) die Parteistellung der staatlichen Behörde ab. Der Parteiprozeß setzt gleichartige Parteien voraus.

Im Privatrecht[53]) entscheidet für die Ausgestaltung des einzelnen Rechtsverhältnisses ausschließlich der freie, selbständige Wille der Parteien, die sich völlig gleichberechtigt gegenüberstehen. Der obrigkeitliche Wille dagegen, der in Verwaltungsakten dem Einzelnen gegenübertritt, ist von ganz anderer Art. Bühler, d. s. öff. R. S. 138 sagt mit Recht: „Die Unterschiede zwischen privatrechtlichen Beziehungen und denen von Staat und Untertan auf dem Gebiete der inneren Verwaltung sind vollends so stark, daß sie die Illusion überhaupt nicht leicht aufkommen lassen, als stünden sich hier zwei gleichberechtigte Parteien gegenüber". Autonom ist auf dem Gebiete des öffentlichen Rechts nur der Gesetzgeber, die Behörde handelt im Rahmen der ihr vom Gesetze erteilten Befugnisse in all ihren Entschlüssen beeinflußt und gebunden durch die Rücksicht auf das öffentliche Interesse (s. hier S. 43/44). Selbst auf dem Gebiete des freien Verwaltungsermessens hat sich die Behörde im „Sinne des Gesetzes" (Art. 129 Abs. V der österr. Bundesverfassung) zu betätigen und alles nicht nach freiem Belieben, sondern pflichtgemäß in den Gesamtrahmen einzustellen, der ihrem Amte durch die Verfassung, Gesetz und Recht vorgezeichnet ist und ihrem Willen die Richtung gibt. Wenn in Preußen erklärt wird, daß unter der Parteistellung der Behörde die Staatsautorität nicht gelitten habe, so mag das vielleicht sein; jedenfalls ist es aber systemwidrig[54]) und besteht für die anderen deutschen Länder nicht der geringste Anlaß, diese Systemwidrigkeit mitzumachen.

Für die unteren und mittleren Verwaltungsgerichte könnte dafür an die Möglichkeit der Aufstellung eines Vertreters des öffentlichen Interesses gedacht werden; an dessen Stelle bestünde in Bayern beim VerwGH. die Einrichtung der Generalstaatsanwaltschaft, die der Behörde die systemwidrige Parteirolle abnimmt und zugleich der Würde des Staates mehr entsprechend im kontradiktorischen Verfahren die Interessen des Staates zu vertreten hat. Hierbei sei bemerkt, daß die bayer. Staatsregierung einen schweren, nie wieder gut zu machenden Fehler begehen würde, wenn sie dieses seit Errichtung des VerwGH. bestehende bewährte Institut dem Schlagworte „Staatsvereinfachung" opfern würde.

B.

Abweichende Verfahrensarten, Steuererhebung, Einspruch.

Auch hier dürfte den Ausführungen über abweichende Verfahrensarten, über Steuererhebung und Einspruch im allgemeinen zugestimmt werden. Was den Einspruch anlangt, macht Drews in „Recht und Staat" 1929 II 32, 33, um aus dem „Irrgarten unseres Rechtsmittelwesens" herauszukommen, den Vorschlag, den ersten Schritt gegen jede Anordnung jeder Behörde zu vereinheitlichen und den Einspruch bei der Stelle, die die Anordnung erlassen hat, zuzulassen mit der Möglichkeit der Selbstabhilfe durch die Behörde. Andernfalls müsse die Behörde „die Beschwerde oder Klage" an die zuständige Stelle abgeben. Die Entscheidung der höheren Stelle müsse dann jedenfalls genaue Beschwerde-

[53]) Und nur teilweise auch in öffentlichen Parteistreitigkeiten, da hier vielfach das öffentliche Interesse gleichen Parteirechten hindernd gegenübertritt.

[54]) Otto Mayer VR. 2. Aufl. I 149 Anm. 11: „Das Parteirecht ist ausgeprägtes Untertanenrecht"; Seydel, 2. Aufl. I 614: „Die Staatsgewalt hat es nach ihrer Natur und ihrer Stellung im öffentlichen Rechtsstreite nicht darauf abgesehen, der Privatpartei gegenüber einen Sieg zu erfechten, sondern sie kann und darf nichts anderes wollen, als den Sieg des objektiven Rechtes" s. auch Hofacker in WürttZ. 1923 S. 107. Der Entw. für das RVG. hat beiden Standpunkten Rechnung getragen (§§ 19, 29 Abs. 3, 75 Ziff. 2), wobei der preuß. Standpunkt im Gesetzentwurfe und seiner Begründung entschieden stärker betont und herausgestellt wurde; s. auch v. Welser in Fischers Zeitschr. 1930 S. 297—300 und meine Ausf. in Gemeinde u. VerwZtg. 1923 Sp. 686.

belehrung enthalten. Diesen Ausführungen ist an sich zuzustimmen. So ist die Sache jetzt ungefähr in §§ 126, 134 Thür. LVO. geregelt. Allein dasselbe dürfte mit der Vorschrift erreicht werden, daß das Rechtsmittel (unrichtige Bezeichnung schadet nicht) immer bei der Behörde einzulegen ist, die den beschwerenden Bescheid (Urteil usw.) erlassen hat (so auch § 36 des Entw. für ein RVG.). Warum hier wiederum den Begriff „Einspruch" einführen und diesen dann doch im Falle der Verweigerung der Abhilfe als Beschwerde oder Klage weiterbehandeln? Man müßte sich höchstens vom Worte „Einspruch" einen wesentlichen Einfluß auf die Mentalität der Beteiligten dahin erwarten, daß sie durch die Bezeichnung des Rechtsmittels als Einspruch eher dazu veranlaßt werden, das Rechtsmittel bei der Behörde einzubringen, die den beschwerenden Bescheid erlassen hat, daß also Fehlsendungen des Rechtsmittels leichter vermieden werden. (Jellinek, VR. S. 287/88 und Referat Apelt S. 37). Bei diesem Anlaß dürfte auch einiges über die Einlegungsstelle zu sagen sein. Grundsätzlich und überall wird die Einlegung des Rechtsmittels bei der Stelle zu fordern sein, die den beschwerdenden Bescheid (Verfügung, Urteil usw.) erlassen hat (ZPO. § 569). Dieser Behörde sollte es dann nach dem Gesetze unbenommen sein, dem begründeten Rechtsmittel, auch solchen, die sich gegen einen, das verwaltungsgerichtliche Verfahren betreffenden gerichtlichen Beschluß wenden, selbst abzuhelfen (ZPO. § 571), vorausgesetzt, daß es sich nicht um verwaltungsgerichtliche Urteile in echten Parteistreitsachen handelt, da die Abhilfe dem Wesen des Urteils widersprechen dürfte.[55])

Auch müßte aus dem Rechtsschutzgedanken heraus für Verwaltungsrechtssachen bestimmt werden, daß irrige Bezeichnung des Gerichts oder des Rechtsmittels nicht schadet (§ 36 Abs. 4 des E. über ein RVG.), ferner, daß die Rechtsmittelfrist auch gewahrt ist, wenn das Rechtsmittel innerhalb der Frist bei einer, im Rechtszuge gelegenen höheren Stelle (Gericht) eingelaufen ist. (Siehe § 36 Abs. 2 des Gesetzentwurfes über das RVG.) Manche Gesetze, namentlich die Versicherungsgesetze, dürften hier etwas zu weit gehen.

Parteistreitigkeiten des öffenlichen Rechts.

Hinsichtlich der Parteistreitigkeiten sei auf die Ausführungen S. 3ff., 10 verwiesen. Ebenso wegen der Generalklausel auf S. 25, 26ff. Wir haben gesehen, daß jedenfalls für die erste Rechtsstufe von Einrichtung echter Verwaltungsgerichte wird abgesehen werden müssen, daß vielmehr hier die Entscheidung verwaltungsgerichtlicher Streitsachen durch die Behörde der inneren Verwaltung unterster Stufe schon wegen Herauswachsens der Rechtsstreitsachen aus den eigentlichen Verwaltungssachen erfolgen sollte. Daneben könnte natürlich nicht nochmals ein Vorverfahren, wie es Referat (37) vorschlägt, eingerichtet werden. Die Anhängigmachung echter Parteistreitigkeiten könnte außer durch Klage auch durch Anträge, so namentlich in Feststellungssachen, weil hier wenigstens nach bayerischer Auffassung ein Beklagter nicht vorhanden sein könnte, betätigt werden. Wegen der Berufung wird hier auf Seite 14 verwiesen. Will man eine Revisionsinstanz einführen, so könnte hiefür eine gewisse Einschränkung in Aussicht genommen werden, so durch Ausschaltung von Bagatellsachen, wobei diese durch Festsetzung einer gewissen Streitsumme zu bestimmen, oder enumerativ anzuführen wären. (Drews, ZStaatsW. 1924 S. 607, § 32 Abs. 1 Ziff. 1 bis 3 des E. über ein

[55]) Von der Selbstabhilfe gegenüber einem, das Verfahren betreffenden verwaltungsgerichtlichen Beschluß könnten bestimmte Fälle ausgenommen werden, namentlich solche, bei denen Interessen Drittbeteiligter, die in den Prozeß hereingezogen wurden, in Frage stehen, z. B. Beschlüsse über Beiladung.

RVG.) Die übrigen Ausführungen des Referats hängen mit dessen Vorschlägen S. 32 zusammen.

5. Auswirkung auf die Verwaltungsorganisation.

Hier kann dem Referat nicht ohne weiteres gefolgt werden. Zutreffend ist, daß eine richtig aufgebaute Verwaltungsrechtspflege gewissermaßen der Schlüssel ist für grundsätzliche Fragen der Verwaltungsbehördenreform. Da aber echte Verwaltungsgerichte in den unteren Rechtsstufen kaum einzurichten sein werden, entfällt von diesem Standpunkt aus, die Hoffnung auf besondere Entlastung der Verwaltungsbehörden. Dagegen wird die strenge Beschränkung der Verwaltungsrechtspflege in den unteren Rechtsstufen auf echte Parteistreitsachen im engsten Sinne auf alle Fälle eine wesentliche Erleichterung für die bayer. Regierungen bringen, indem für die vorgeschlagenen Beschlußsachen — von § 21 GewO. und von § 22 Abs. 2 des E. über ein RVG. abgesehen — der dreigliedrige mit hochwertigen Regierungsbeamten besetzte Senat wegfallen könnte (s. auch oben S. 46). Die Möglichkeit der völligen Ausschaltung der Mittelbehörden (in Bayern der Regierungen) aus dem Rahmen der Behördenorganisation überhaupt ist jedoch von ganz anderen, hier nicht näher zu besprechenden Faktoren abhängig, als von der event. Entlastung von Verwaltungsstreitsachen. Wegen der Durchführung der empfohlenen Organisation wäre hier auf S. 2 zu verweisen.

6. Schema eines künftigen einheitlichen Verwaltungsaufbaues.
(Referat S. 39).

Gegen das Schema in Ziff. 1 dürften keine wesentlichen Erinnerungen zu erheben sein. Nur wäre in Bayern die historische Entwicklung zu beachten, wonach die den staatlichen unteren Verwaltungsbehörden (Bezirksämtern) gleichberechtigten Städte die sog. unmittelbare Städte sind, d. h. solche, die unmittelbar unter der Kreisregierung stehen, und daß es in Bayern nicht weniger als 59 sind, darunter 21 unter 10000 Einwohner und hierunter 2 unter 5000 (Rodach bei Coburg mit 2892 Einw., Donauwörth mit 4621 Einw.). Die Beiordnung einer kollegialen Beschlußbehörde (Landrat, Kreisausschuß, in Bayern also Bezirksausschuß) dürfte abzulehnen sein, da sich wenigstens in Bayern bisher ein dringendes Bedürfnis hiefür nicht bemerkbar gemacht hat — vorbehaltlich der eigenen Anregungen hinsichtlich anderer Durchführung des § 21 GewO. (s. oben S. 46/47). Dagegen ist die Forderung nach Zusammenfassung der jetzt noch bestehenden staatlichen Spezialbehörden bei der staatlichen unteren Verwaltungsbehörde kräftigst zu unterstützen.

Ziff. 2 ist vom Standpunkte der Länder, die ihre Selbständigkeit erhalten „wollen" (dagegen: volenti non fit injuria) abzulehnen. Die Forderung bedeutet schlechthin Unterordnung der Länderregierungen unter die Reichsbehörden, so daß sogar Entscheidungen (Entschließungen) eines Länderministeriums auf Beschwerde vom zuständigen Reichsministerium abgeändert oder aufgehoben werden könnte. Das heißt den Unitarismus denn doch auf die Spitze treiben. Das bedeutet politisch nicht nur den Einheitsstaat, den heute noch weite Kreise in Deutschland ablehnen, sondern namentlich eine ganz ungesunde und durch nichts veranlaßte Zentralisierung der Verwaltung in Berlin. Etwas anderes ist es und das muß hier doch auch gesagt und betont werden. Es läge im Interesse der Gesetzgebung, der Behördenorganisation, der einheitlichen Bezeichnung der Behörden und fachtechnischen Ausdrücke, der besseren Verwertung der Entscheidung der deutschen obersten Verwaltungsgerichte, der Erleichterung der Rechtsschutzbenützung seitens der nicht mehr wie im Mittelalter an einen Ort gebundenen Staatsbürger, im

Interesse der Behörden selbst und im Interesse der Wissenschaft, wenn im deutschen Reiche — „ein Reich, ein Recht" — die Rechtseinheit auf allen Gebieten soweit möglich angebahnt würde (vgl. auch die Bestrebungen zwischen dem Deutschen Reiche und Österreich). Aber auch hier bestehen m. E. größtenteils unbegründete, große Widerstände. Die Rechtsangleichung würde insbesondere auch eine große Ersparnis an sachlicher Arbeit, aber auch an der Beamtenzahl bedeuten. Es ist unnütz, wenn in jedem einzelnen deutschen Staate für eine Reihe von Gebieten, die durchaus einheitlich geregelt werden könnten, Spezialgesetze bestehen, die dann in jedem Lande bei erforderlicher Neuerlassung oder auch nur bei Ergänzungen den ganzen Behörden- und Gesetzgebungsapparat des einzelnen Landes in Bewegung setzen, z. B. die Gemeindegesetze, die Schulgesetze, die Wassergesetze, die Enteignungsgesetze, die Verfahrens- und Prozeßgesetze usw. Ich kenne die Einwendungen, die gegen diesen Vereinheitlichungsgedanken insbesondere auf dem Gebiete der Gemeinde- und Schulgesetzgebung schon vorgebracht wurden und erwarte Ablehnung dieser Stellungnahme. Es mag sein, daß auf dem einen oder anderen Gebiete einzelne örtliche Verschiedenheiten bestehen, die eine besondere gesetzgeberische Behandlung erfahren müßten. Ich erinnere z. B. an die Hochwasserflüsse in Bayern. Allein hier könnte der Reichsgesetzgeber sich insoweit auf eine Rahmengesetzgebung beschränken und die Ausfüllung dem betreffenden Lande überlassen, sofern sich der einheitlichen Regelung unüberwindliche örtliche Schwierigkeiten in den Weg stellen sollten, was ich nicht annehmen kann. Haben uns z. B. in Bayern die Dutzende von Reichsgesetzen namentlich auch auf dem Gebiete des öffentlichen Rechts etwas geschadet?

Ziff. 3 ist unter dem gleichen Gesichtspunkte wie Ziff. 2 zu bewerten und einzuschränken. Der Begriff „Landesangelegenheiten" ließe eine klare Zuständigkeitsausscheidung ohnedies nicht zu. Gegenüber Ziffer 4 wird auf die Ausführungen S. 37ff. verwiesen. Wegen Errichtung eines Reichsverwaltungsgerichtes siehe Teil II.

II.

Einige Randglossen zum Entwurfe eines Reichsverwaltungsgerichts

(Reichsratsdrucksache 1930 Nr. 155 = Reichsentwurf)

oder wie verhält sich der Reichsentwurf zu dem in Abschnitt I behandelten Problem der strengen Abscheidung der Verwaltungssachen von den echten Verwaltungsstreitsachen.

Inzwischen ist von der Reichsregierung unter dem 26. Aug. 1930 dem Reichsrate der Entwurf[56]) eines Gesetzes über das Reichsverwaltungsgericht übersandt worden. Der Entwurf stellt sich, mag er auch, namentlich in der Begründung manche Zweifel[57]) auslösen, im Großen als ein ausgezeichnetes Werk von klaren

[56]) Siehe Löwenthal in ReichsVerwBl. n. pr. VBl. (1930) Bd. 51 S. 557; Freih. von Welser: „Das künftige Reichsverwaltungsgericht" in Fischers Zeitschrift 1930 S. 289 u. Miche in Z. f. das Heimatwesen (1930) Jhrg. 35 S. 481 u. hiezu Löwenthal das. S. 567.

Dem Vernehmen nach soll die Weiterbehandlung zurückgestellt sein.

[57]) Z. B. zu § 22 Abs. 1a: Die Begründung S. 21 linke Spalte scheint insofern ungenau und irreführend, als die Wasserstraßenverwaltung wenigstens in Bayern kraft eigenen Rechtes nicht etwa im Wege des Auftrages durch die Reichsregierung tätig wird. Die polizeilichen Anordnungen der bayer. Wasserpolizeibehörden könnten daher nur über § 22 Abs. 1, b an das RVG. gelangen. Auch die Schiffseichämter sind bayerische Behörden im Sinne des § 22 Abs. 1, b des Reichsentwurfs.

Zu § 22 Abs. 1 b. Es ist doch kaum gewollt gewesen, daß polizeiliche Verfügungen des Landbürgermeisters einer kleinen Landgemeinde, — wir haben solche unter 100 Einwohner — unter Überspringung der nächstvorgesetzten Verwaltungsbehörde unmittelbar an das Landesverwaltungsgericht und von da an das RVG. gebracht werden könnten (§ 22 Abs. 1, b in Zusammenhang mit Begründung S. 23 linke Spalte oben; s. auch § 74 des ReichsE.) hier S. $^{34}/_{35}$.

Aufbau und bündiger, guter Sprache dar. Es soll zunächst eine kurze Übersicht über die grundlegenden Bestimmungen des Reichsentwurfs gegeben werden.

1. Die Mitglieder des RVG. werden vom Reichspräsidenten ernannt (Art. 46 RVerf.). Ein Vorschlagsrecht des Reichsrates ist im Gegensatz zu den bisherigen Entwürfen nicht vorgesehen. Anhörung des Präsidiums des RVG.?

2. Die dienstliche Stellung der Mitglieder des RVG. soll jener der Mitglieder des Reichsgerichts in jeder Hinsicht entsprechen. § 3 Abs. 2. Eine durchaus richtige, auch von der Verwaltung entschieden zu vertretende Forderung.

3. Im Gegensatz zu den früheren Entwürfen kennt der jetzige nicht die Einrichtung des Oberreichsanwalts.

4. Nach § 5 entscheiden die Senate in der Besetzung von wenigstens 5 Mitgliedern. Das Bedürfnis dieser Bestimmung scheint nicht überzeugend begründet.

5. Die früheren Entwürfe haben die Zuständigkeiten des RVG. einzeln aufgeführt. § 22 führt die Generalklausel ein.

6. Nach § 22 I, b ist das RVG. zuständig für Rechtsbeschwerden (§ 30) eines einzelnen, auch einer Personenmehrheit gegenüber polizeilichen Anordnungen oder Verfügungen (Anordn. oder Verf.) einer Verwaltungsbehörde eines Landes, also auch einer Zentralstelle, eines Ministeriums, nach Begründung S. 23 oben auch der Gemeinden oder Gemeindeverbände, wenn die polizeiliche Anordnung oder Verf. gegen das Reichsrecht oder Landesvollzugsrecht, auch Reichsverordnungen oder Gewohnheitsrecht (Begründung S. 18 oben) verstößt und hierdurch den einzelnen in seinen Rechten verletzt. Das gleiche ist der Fall, wenn die Anordn. oder Verf. von einer Verwaltungsbehörde des Reichs oder der deutschen Reichsbahngesellschaft erlassen ist, ohne daß es gerade eine „polizeiliche" Anordn. oder Verf. sein müßte (§ 22 Abs. 1, a).

7. Nach § 22 Abs. 2 tritt der im Reichsentwurf geregelte Verwaltungsrechtsweg ein in allen Fällen, in denen bisher durch Reichsgesetz das Verwaltungsstreitverfahren oder das Rekursverfahren vorgeschrieben ist. (Übersicht über diese Fälle siehe Anhang I.) Hinsichtlich der Erteilung gewerblicher Erlaubnisse kann das Landesrecht anders bestimmen, ausgenommen wieder die Erlaubnis nach dem Luftverkehrsgesetz (§ 9 des EinfG.).

8. Die Reichsregierung kann mit Zustimmung des Reichsrates durch Verordn (?) die Rechtsbeschwerde (§ 30) gegenüber anderen oder überhaupt allen Anordn. oder Verf. der VerwBehörden gewähren.

9. § 26 bringt die Möglichkeit der Bestimmung eines gemeinsamen Gerichtsstandes (zweckmäßig).

10. Die Rechtsbeschwerde nach § 30 hat abgeschwächten Revisionscharakter (§ 54, 55). Etwas anderes, etwa Berufung, ist bei einem RVG. kaum möglich.

11. Dem RVG. muß (§ 28) in den Fällen des § 22 mindestens ein Rechtzug eines Landesverwaltungsgerichtes vorausgehen. Besetzung: mindestens 2 (?) besonders qualifizierte Richter (§ 2 Abs. 1 Ziff. 2). Verfahren: Ausschluß und Ablehnung nach den Grundsätzen der ZPO.; auf Antrag auch nur eines Beteiligten öffentlich-mündlichen Verhandlung; unbeschränktes Beweisrecht des Gerichtes, nur Parteieid ausgeschlossen; die begründete Sachentscheidung muß Beschwerdebelehrung enthalten und förmlich zugestellt sein.

12. Nach § 29 Abs. 2 kann auf Antrag Preußens auch die Behörde dieses Landes Rechtsbeschwerde einlegen und vor dem RVG. als Partei auftreten. Mit besonderer Schärfe kommt dies in § 75 Ziff. 2 zum Ausdruck. Für die der preußischen Auffassung nicht folgenden deutschen Staaten bietet § 19 die ergänzende Bestimmung.

13. § 32 Abs. 1 schließt zur Entlastung des RVG. in gewissen Fällen die Rechtsbeschwerde aus. Für diese Fälle des nicht revisiblen Reichsrechts gibt Abs. 2 eine dem bayerischen Art. 9a Abs. III VGG. in der Fassung vom 7. März 1924 GVBl. S. 65 ähnelnde Vorschrift.

14. § 32 enthält neben § 23 Ausnahmen für die Zulassung der Rechtsbeschwerde.

15. § 33 regelt den Fall, in dem die Rechtsbeschwerde Verletzung des Reichsrechts oder Landesvollzugsrechts und gleichzeitig Verletzung des reinen Landesrechts rügt. Zunächst entscheidet das RVG., findet es, daß keine Verletzung des Reichsrechts oder Landesvollzugsrechts vorliegt, so gibt es mit Beschluß die Sache an das etwa noch zuständige Landesverwaltungsgericht zur Ent-

---

Zu § 22 Abs. 2: Der Begriff gewerbepolizeiliche Erlaubnis ist unklar. Nach der Begründung S. 17 r. Sp. würde die Versagung einer Dampfkesselanlage in einer Fabrik, weil gewerblich, nicht an das RVG. gehen (§ 22 Abs. 2 und § 32 Abs. 1 Ziff. 1). Dagegen würde die Versagung einer Dampfkesselanlage in einem Privathause z. B. einer Sammelheizungsanlage, weil nicht gewerblich, aber gleichwohl unter § 24 GewO. fallend — Steinbach, Handausgabe zur GewO. § 24 Anm. 1 — an das RVG. gebracht werden können. War das beabsichtigt?

Auf die Zweifel, die die Begriffe „Landesvollzugsrecht" und „reines Landesrecht" schon im einzelnen Streitfall auslösen können, sei ebenfalls hingewiesen.

scheidung wegen des gerügten reinen Landesrechts ab. Wenn aber der Rechtsmittelzug nach Landesrecht erschöpft ist? Entscheidet dann das RVG. auch über die nach § 33 zulässige gerügte Verletzung des reinen Landesrechts? § 33 und § 62 stimmen noch nicht zusammen.

16. Die Rechtsbeschwerde ist innerhalb eines Monats einzulegen und zu begründen (§§ 34, 37).

17. § 36 kennt keine Einlegung der Rechtsbeschwerde zur Niederschrift der Behörde.

18. Über die Frist und formgerechte Einlegung der Rechtsbeschwerde entscheidet nach § 39 das Verwaltungsgericht, dessen Entscheidung angefochten wird (Zweckmäßig). Im übrigen enthält das Verfahren keine Besonderheiten. § 42 handelt vom Anschluß an die Rechtsbeschwerde, § 44 von Akteneinsicht, § 45 von Nachsicht, § 46 von Zurücknahme des Rechtsmittels, § 47 von Vertretung oder Parteien, kein Anwaltszwang; §§ 49, 70 von der mündlichen Verhandlung; §§ 61—65 von der Schlußentscheidung. (Nach § 62 kann das RVG. bei Begründetsein der Rechtsbeschwerde in der Sache selbst entscheiden); § 67 von der Wiederaufnahme des Verfahrens; § 69 von der Rechtshilfe; § 71 bringt Verbesserungen gegenüber GVG. und ZPO.

19. Die §§ 72—79 bringen die Fassung der Anfechtungsklage in § 73 Abs. 2. Das RVG. ist hier einzige Rechtsstufe. Abgesehen von dem in § 75 Ziff. 2 niedergelegten Grundsatz der Parteieneigenschaft der Behörde dürfte dieser Abschnitt, für Bayern wenigstens, kaum von unmittelbarer Wirkung sein.

20. Die §§ 80—83 werden für Bayern nicht praktisch werden, da es von der Befugnis des § 21 Abs. 2 kaum Gebrauch machen dürfte.

21. Die §§ 84 bis 87, insbesondere § 84 würden für Bayern keine durchgreifende Neuerung bringen. Die Fassung des § 84 Satz 2 ist unhaltbar. Hier hat der Gesetzgeber sich selbst der Arbeit zu unterziehen und zu bestimmen, was nach seiner Ansicht vom UWG. noch gilt und was von den neuen Vorschriften damit vereinbar ist.

22. Das Einführungsgesetz enthält insbesondere Änderungen des Gesetzes über den Staatsgerichtshof vom 9. Juli 1921.

Hier sollen nicht die grundsätzlichen Fragen über Recht oder Pflicht des Reiches zur Einrichtung des RVG.,[58]) über Bedürfnis der einzelnen Staatsbürger wie der Verwaltung selbst nach einheitlicher Rechtsprechung auf reichsrechtlich geregeltem Gebiete, über Einwände, die von Seiten der Länder vom Standpunkt ihrer Landeshoheit aus erhoben werden könnten, besprochen werden. Sie sind anläßlich der zahlreichen früheren Vorentwürfe und Entwürfe über ein RVG. und noch früher auf den Tagungen des deutschen Juristentages wie im Schrifttum eingehend behandelt worden, sodaß es schwer wäre, neuen Wein in alte Schläuche zu gießen; auch soll hier keine politische Streitschrift gegeben werden. Letzten Endes entscheidet ja über diese Frage die Mehrheit im Reichsrat und Reichstag. Auch die finanzielle Seite der ganzen Organisationsfrage soll hier nicht weiter behandelt werden. Noch weniger soll an alle Einzelheiten des Reichsentwurfes die kritische Sonde angelegt werden, z. B. an § 1: Sitz Berlin, Fehlen eines Oberreichsanwalts; § 3 Vorschlagsrecht des Präsidiums des Reichsverwaltungsgerichts und Mitwirkungsrecht des Reichsrats, die §§ 33, 62, die in bessere Beziehung zu setzen wären, die §§ 30 Buchst. a, 73 Buchst. a, deren Fassung aufeinander abzustimmen wäre („Rechtssatz", „Recht"), den § 84, der eine ganz unmögliche Velleität aufweist: „Im übrigen gilt dieses Gesetz, soweit es es mit jenen Vorschriften vereinbart ist." usw.

Nur das sei kurz hervorgehoben, daß sich selbst die Gegner des RVG. zuletzt wenigstens in der Hauptsache in der Richtung eines Länderspruchgerichtes einverstanden erklärt haben. Die Vorteile eines solchen bestünden in der Wahrung möglichster Freiheit der Länder in der Organisation ihrer Gerichte, und in der Verwaltungsrechtsprechung. Allein das Länderspruchgericht würde gewissermaßen akademisch eine Rechtsfrage, noch mehr wie die Revision losgelöst von

[58]) Das RVG. ist schon jetzt gesetzlich verankert in Art. 31, 107, 166 der Reichsverf., und in einer Reihe neuerer Reichsgesetze, so im Gesetz über den Staatsgerichtshof vom 9. Juli 1921 §§ 1, 18; dem Jugendwohlfahrtsgesetz vom 9. Juli 1922 §§ 7, 18; der Handwerksnovelle vom 11. Febr. 1929 (RGBl. I S. 21) § 104 r. 104 s, dem Reichsbahngesetz vom 13. März 1930 (RGBl. II S. 369) § 44; Republikschutzgesetz vom 25. März 1930 (RGBl. I S. 91) § 9 Abs. 3 und 4; der Verordnung über Luftverkehr vom 19. Juli 1930 (RGBl. I S. 363) § 117.

dem belebenden Tatbestand, entscheiden. Es würde nur auf Anrufung eines der obersten Landesverwaltungsgerichte in Tätigkeit treten, also in seiner Lebensbetätigung mehr oder minder von dem guten Willen dieser Länder-Gerichtshöfe abhängig sein. Für diese aber würde es vielfach schwierig sein, alle die Entscheidungen der übrigen deutschen Gerichtshöfe zu überblicken. Ist es ja oft für einen einzelnen Gerichtshof schon schwer, die Einheit der Rechtsprechung innerhalb seiner eigenen verschiedenen Senate zu wahren (vgl. Reichsgericht). Nachdem das Reichsverwaltungsgericht ja doch nur eine Frage der Zeit zu sein scheint, würde ich mich mehr für den zweiten, von der Reichsregierung eingeschlagenen Weg erwärmen können, vorausgesetzt, daß hier noch entsprechende Vorsorge gegen Überlastung des RVG. mit Bagatellsachen getroffen wird. Die Erschwerung der gesetzgeberischen Regelung der Verwaltungsgerichtsbarkeit in den Ländern, die Vermehrung des Instanzenzuges, die teilweise Unterstellung des obersten Landesverwaltungsgerichtes unter das RVG. sind allerdings auf alle Fälle schwerwiegende Begleiterscheinungen, die eben letzten Endes überwunden werden müßten.

Hier soll vielmehr nur aufgezeigt werden, inwieweit das System des Reichsentwurfs mit den wichtigsten Ausführungen und Forderungen unter I dieser Abhandlung in Einklang steht. Zu meiner Freude ist zu sagen, daß der Reichsentwurf — von der einzigen Ausnahme der zwischenstaatlichen Fürsorgeverbandstreitigkeiten nach § 25 Ziff. 1 und § 84 abgesehen — die sog. echten Parteistreitigkeiten völlig unberührt läßt, sich vielmehr ausschließlich mit den sog. Anfechtungssachen befaßt, daß also der Reichsentwurf ebenfalls von der notwendigen und zweckmäßigen, in § 22 gegebenen strengen Scheidung beider Gruppen ausgeht. Ja, er zwingt die Länder — sachlich mit Recht — geradezu, den bisherigen Katalog ihrer Parteistreitsachen einer Überprüfung zu unterziehen und aus ihm alle jene Fälle zu streichen, in denen es sich um Anordnungen oder Verfügungen der Verwaltungsbehörde gegenüber einzelnen im Sinne des § 23 Abs. 1, 2 und § 27 (Eingangsworte) des ReichsE. handelt, es sich also, um mit Apelt's Referat (37) zu sprechen, um einen Streit gegenüber der Obrigkeit handelt. Denn Anordnungen oder Verfügungen, von solchen prozessualer Natur abgesehen, können begrifflich nur von der aktiven Verwaltungsbehörde, niemals von Verwaltungsgerichten, erlassen werden. So würden in Bayern eine Reihe von bisher verwaltungsrichterlich aufgezogenen Verwaltungssachen z. B. die Fälle aus der GewO. nach Art. 8 Ziff. 8 VGG. künftig ausschließlich von der aktiven Verwaltungsbehörde erledigt werden müssen. Das trifft m. E. auch für den Widerruf gewerblicher Erlaubnisse zu. Auch der Widerruf ist inhaltlich und seinem Wesen nach nichts anderes als ein rechtsgestaltender aktiver Verwaltungsakt, kein Richterspruch. Es kann hier auf die Ausführungen S. 3—13 verwiesen werden. Der Begründung des ReichsE. S. 17 r. Sp. vermag daher nicht beigetreten zu werden. Wären diese Ausführungen schlüssig, dann müßten auch alle jene Verwaltungsakte im Verwaltungsstreitverfahren ergehen, die anerkannten, verfassungsrechtlich oder durch sonstige Gesetze z. B. im BGB. festgelegten Rechte des einzelnen (Eigentumsrecht, Nachbarrecht, Recht auf Freiheit der Person, Recht der Freizügigkeit usw.) gegenüberstehen und in solche Rechte eingreifen, sie beschränken oder im Einzelfall aufheben müssen. Darum stellt sich der ReichsE. in erster Linie mit Recht auf den Standpunkt, daß auch der Widerruf gewerblicher Erlaubnisse in erster Stufe als „Anordnung oder Verfügung der Verwaltungsbehörde" ergeht (§ 27 Eingangsworte und die ganze Tendenz des E.) und daß erst mit dem Rechtsmittel, dem Rekurse (§ 22 Abs. 2: „An deren Stelle") der Verwaltungsrechtsweg vorgeschrieben wird, wenn auch die Begründung S. 17 r. Sp. eine andere Auslegung offen läßt. Gewiß ist das Bedürfnis durchaus anzuerkennen, daß wenigstens die wichtigeren Verwaltungsakte, insbesondere die des Widerrufs einer gewerblichen Erlaubnis, dem obersten Verwaltungsgericht zur nachträglichen Rechtskontrolle unterbreitet werden (Anfechtungsklage), daß aber schon zur Entlastung des obersten Verwaltungsgerichtes eine Anfechtung der Nichterteilung von gewerblicher Erlaubnis[59]) ausgeschlossen ist. § 22 Abs. 2 Satz 2 wäre daher zweckmäßiger gestrichen worden, einmal, weil er den Ländern wieder die Möglichkeit einräumt, hier verschiedene Wege zu gehen, was im Interesse der Rechtseinheit entschieden zu vermeiden gewesen wäre und wozu absolut kein Bedürfnis vorzuliegen scheint, sodann weil auch bei seiner Streichung dasselbe durch die Bestimmung des § 23 Ziff. 8, § 32 hätte erreicht werden können.

In § 22 Abs. 2, der eine weitere Gruppe von Anfechtungssachen, insbesondere auf dem Gebiete der GewO. enthält, wird durch die Ausscheidung der gewerbepolizeilichen Erlaubniserteilung, die in durchaus richtiger und zweckmäßiger Weise den aktiven Verwaltungsbehörden überlassen ist, in die Gruppe von Anfechtungssachen eine unnötige Differenzierung gebracht. Auch hätte ein Zwang nach § 28 zur Errichtung eines Landesverwaltungsgerichtes für diejenigen Länder nicht geschaffen werden sollen, die für die Fälle des § 22 Abs. 2 zwei Verwaltungsstufen mit einem strengeren, den Voraussetzungen des § 28 Ziff. 2 Buchst. c und d entsprechenden Verfahren einrichten würden. Dann wären ohne weiteres die Voraussetzungen gegeben, deren Fehlen nach Begründung S. 22 r. Sp. zur Vorschrift des § 28 geführt hat, nämlich mit Gründen versehene Entscheidungen von Verwaltungsbehörden nach einem bestimmten in den Hauptrichtlinien übereinstimmenden Verfahren. § 32 Abs. 2 scheint hier die durch § 22 Abs. 2 Satz 2 geschaffene Freiheit der Länder, das Verfahren bei der Erteilung gewerblicher Erlaubnis frei zu regeln, wieder einzuschränken. Denn Abs. 2 setzt für das nicht revisible Recht (Abs. 1) ein im letzten Rechtszug oder allein zuständiges Landesverwaltungsgericht voraus. Eine etwaige Ansicht, daß § 32 Abs. 2 eine allgemeine Vorschrift bedeute, wäre abzulehnen; Abs. 2 kann nur im Zusammenhang mit Abs. 1 genommen werden. Aus der Begründung S. 26 geht deutlich hervor, daß sich diese Stelle nur auf die einheitliche Auslegung des nicht revisiblen Reichsrechts, also im Rahmen des Abs. 1 bezieht. Zum revisiblen Reichsrecht im Sinne des § 32 Abs. 2 würden künftig wohl auch die innerstaatlichen Fürsorgeverbandsstreitigkeiten gehören (§ 84 des Reichsentwurfs). § 32 Abs. 1 ist im übrigen nur ein Spezialfall, ein Beispiel für den § 23 Ziff. 8 und könnten beide Paragraphen zusammengezogen werden, d. h. § 32 Abs. 1 Ziff. 1 könnte gestrichen und durch Ausfüllung des § 23 Ziff. 8 in den Spezialgesetzen, hier zunächst durch Ergänzung der GewO. und anderer Reichsgesetze in Abschnitt 4 des Reichsentwurfes ersetzt werden. Besondere Bedenken habe ich gegen die Unzulänglichkeit der Ausnahmen des § 32, dessen erweiterte Fassung ich schon Anm. 59 für notwendig gehalten habe. Es würden nach der jetzigen Fassung eine große Masse von Bagatellsachen an das RVG. gelangen, z. B. die Zurücknahme der Wirtschaftskonzession auch in den kleinsten Landgemeinden, Untersagung des Kleinhandels

[59]) Nach § 32 des ReichsE. ist nur die Versagung gewerberechtlicher Erlaubnis ausgenommen. Es dürfte aber hieher auch die Erteilung mit oder ohne Bedingung einzufügen sein; „mit Bedingung" wegen Belastung des Gesuchstellers, ohne Bedingung wegen des im § 19 Abs. 2 des Gaststättengesetzes einer Reihe von Stellen eingeräumten Rechtes, die Bejahung der Bedürfnisfrage anzufechten. Auch die Entscheidung über ein Gesuch um „Fristung" in den verschiedenen Fällen der GewO. dürfte hier einzureihen sein. Das Wort „gewerberechtlich" in § 32 Abs. 1 Ziff. 1 gehört nicht auch zur Entziehung der Fahrerlaubnis für Kraftfahrzeuge, die unter § 22 Abs. 1 Buchst. b, nicht unter Abs. 2 einzureihen ist.

mit Bier und Branntwein, Untersagung des Betriebes einer Speisewirtschaft, der Beschäftigung einer Person im Schankgewerbe, Zurücknahme der Erlaubnis zur Abgabe von Milch und zur Stellvertretung nach §§ 14, 15, 17, 18 des Reichsmilchgesetzes, Zurücknahme der Gewerbelegitimationskarte, des Stadthausierscheines, der Erlaubnis zur Mitnahme eines Begleiters nach § 62 Abs. 2, § 63, Abs. 1 GewO., Zurücknahme und Ausdehnung des Wandergewerbescheines, Zurücknahme des Prüfungszeugnisses einer Hebamme oder die Verfügung des Standesbeamten nach § 68 Abs. 3 des Personenstandsgesetzes usw. Dazu kommt, daß aber auch unmöglich alle polizeilichen Anordn. oder Verf. an das RVG. gebracht werden könnten (ebenso von Welser a. a. O. S. 296). So dürften noch von der Rechtsbeschwerde auszunehmen sein die Anordn. oder Verf. auf dem Gebiete der Seuchenpolizei. Denn hier handelt es sich in der Regel um äußerst dringliche polizeiliche Anordnungen, die in der Hauptsache auf technischen Erwägungen beruhen. Vielfach kann nachträglich gar nicht mehr geprüft werden, ob die tatsächlichen Voraussetzungen vorgelegen haben, von denen die Polizeibehörden bei ihrem Erlasse ausgegangen sind. Hierher würden gehören das Reichsviehseuchengesetz, das Reichsseuchengesetz, das Reichsgesetz über Beseitigung von Tierkadavern, §§ 327, 328 StGB., oder z. B. es sollte ausgenommen werden die Untersagung der Errichtung oder Verlegung von Anlagen, deren Betrieb mit ungewöhnlichem Geräusch verbunden ist (§ 27 GewO.); oder polizeiliche Auflagen auf Grund der §§ 120d, 107 Abs. III, IV GewO.[61]). Die Ausnahmen von der Generalklausel mögen, wenn man diese Bedenken berücksichtigt, zahlreich werden und dann möchte man mit v. Welser a. a. O. S. 295 fragen, ob nicht im Interesse der Rechtsuchenden die Fälle der Zuständigkeit statt der Fälle der Unzuständigkeit aufzuzählen seien (s. oben S. 23—25). Die in einer Reihe von deutschen Staaten auf den Angriff „polizeilicher Verf." beschränkte Generalklausel und die darüber hinausgreifende Generalklausel des hanseatischen, württembergischen und österreichischen Rechts hat sich auf alle Fälle glänzend[62]) bewährt. Ferner ist zu beachten, daß gerade die Generalklausel des § 22 Abs. 2 des ReichsE. irgendwelche Zweifel über ihren Umfang kaum zuläßt. Sie umfaßt zwei Gruppen, nämlich die Fälle, in denen nach Reichsrecht das Verwaltungsstreitverfahren oder das Rekursverfahren stattzufinden hat (s. Anhang Ziff. I). Die unter § 22 Abs. 2 des ReichsE. fallenden reichsgesetzlichen Bestimmungen sind entgegen der Begründung S. 17 l. Sp. polizeilicher Natur (s. Drews, preuß. Polizeir. S. 62ff.). Beide Gruppen des § 22 Abs. 2 fielen daher an sich schon unter Abs. 1, Buchst. b, dem nur der in Buchst. a enthaltene Nebensatz beizufügen wäre. Immerhin mag die Generalklausel des Abs. 2 passieren. Den Ländern kann es unbenommen bleiben, die Generalklausel des § 22 Abs. 2 durch eine Aufzählung deutlicher zu gestalten, wobei sie allerdings Gefahr laufen, durch ein Urteil des RVG. desaviert zu werden. (Ein Versuch der Katalogisierung siehe im Anhang.) Wenn man beachtet, daß der Begriff „Polizei" recht schwankend ist (s. auch v. Welser, S. 295, daß ferner die Hauptmasse aller Anordn. und Verf. der Verwaltungsbehörden

---

[60]) Auch gehört systematisch § 25 zu § 22; § 25 enthält weitere Fälle des in § 22 eröffneten Verwaltungsrechtsweges.

[61]) Die Entziehung des Badartikels nach § 9 der V. v. 31. März 1899 u. v. 20. Sept. 1922 könnte, weil in erster Linie reines Landesrecht, ohnedies nur im Rahmen des § 6 GewO. an das RVG. gezogen werden.

[62]) Dr. Mannlicher-Wien auf dem 3. deutschen Juristentag in der Tschechoslowakei — Reichenberg 1927 — S. 214ff., auch in „Reich und Länder" (dem mir vorliegenden Sonderheft fehlt die Jahresangabe) S. 28ff.; Laun (Hamburg) auf der gleichen Tagung Verhandlungen S. 253 und Dr. Hofacker (Stuttgart) in WürttZ. f. Rechtspflege u. Verw. Bd. 20, 81 und die „Neugestaltung der öffentl. Verw." 1926 S. 44 u. hier S. 23.

polizeilicher Natur sind, daß aber gerade die nichtpolizeilichen Anordn. und Verf. vielfach besonders scharf und hart in den Rechtskreis des Einzelnen eingreifen, und daß deshalb gerade hier ein Rechtsschutzbedürfnis bejaht werden müßte, so könnte man sogar eine Generalklausel ähnlich der des württembergischen und österreichischen Rechtes empfehlen und die Streichung des Wortes „polizeilich" beantragen. Immerhin scheint gerade hier der Verfasser des E. mit Vorsicht ans Werk gegangen zu sein; er wird im Auge behalten haben, daß bei Neugründung eines RVG. die Übertragung seiner Zuständigkeit zunächst nur vorsichtig und schrittweise zu erfolgen hat. Die Anfechtungsklage gegenüber polizeilichen Verf. ist übrigens, wie auch v. Welser bekannt sein wird, bereits in einer Reihe von deutschen Ländern eingeführt, ohne daß sich für die Rechtsprechung oder die Rechtsuchenden hieraus (nämlich aus dem schwankenden Begriff „polizeilich") besondere Schwierigkeiten ergeben hätten.[63])

III.

Übersicht über die künftige Auswirkung der in I. und II. gewonnenen Hauptergebnisse. Vorschläge de lege ferenda.

Während das Referat Apelt in seinen Anlagen A und B eine Übersicht über den derzeitigen Stand des Verfahrens einschließlich der Rechtsmittelzüge vor den Verwaltungsbehörden und Verwaltungsgerichten der Länder, einiger Reichsverwaltungen und der Republik Österreich gibt, soll hier im III. Teil und im Anhang eine Übersicht über die künftige Auswirkung der in I. und II. gewonnenen Hauptergebnisse, soweit möglich an der Hand des Bayerischen Rechtes, gegeben werden.

A. Sachliche Zuständigkeiten, grundsätzliche Abscheidung zwischen sog. Anfechtungssachen und echten Parteistreitsachen.

1) aktive Verwaltung:

a) freies durch Vorschriften möglichst wenig beengtes Verwaltungsverfahren. Hierher gehören insbesondere die Angelegenheiten der Sicherheitspolizei (Fremdenpolizei, Kriminalpolizei, Paßpolizei, Meldewesen, politische Polizei, Preßpolizei, Vaganten-, Sitten- und Straßen-Verkehrspolizei), ferner Verf. auf dem Gebiete der sog. Verwaltungspolizei, soweit sie nicht unter die folgende Gruppe b) fallen (§ 22 Abs. 1 a und b des E. eines RVG.).

b) Strengeres Verwaltungsverfahren mit zwingenden Vorschriften über rechtliches Gehör, Vornahme einer mündlichen (öffentlichen) Verhandlung, insbesondere soweit ohnedies § 21 GewO.

[63]) Der v. Welser S. 294 zugunsten der aktiven Verwaltung gebrochenen Lanze muß ich doch den Schild der Abwehr entgegenhalten. Wer die geschichtliche Entwicklung der Verwaltungsgerichtsgesetze in den deutschen Ländern, besonders aber in Bayern verfolgt, wird sehen, welchen starken Widerständen und Hemmungen die Einführung der Verwaltungsrechtspflege gerade von seiten der aktiven Verwaltung ausgesetzt war und diese gegensätzliche Auffassung, zum mindesten eine ziemliche Gleichgültigkeit ist noch heute leider und unbegreiflicherweise zum Schaden des öffentlichen Rechts bei vielen Verwaltungsbeamten nicht verschwunden. Ich habe meine persönliche Erfahrung in diesen Dingen. Auch der Widerstand gegen die Einführung des Reichsverwaltungsgerichts ist zum Teil auf diese gegensätzliche Stimmung zurückzuführen. Die Richter am Bayerischen Verwaltungsgerichtshofe urteilen heute noch nicht in der feierlichen Toga des Richters, sondern in dem kleinen Uniformrock des aktiven Verwaltungsbeamten. Wenn auch die Güte des Richterspruchs nicht von der Kleidung abhängig ist, so liegt hier doch ein bezeichnendes Symptom vor, um nur eines von vielen hier herauszugreifen.

einen Zwang vorschreibt, über Beweiserhebung, schriftliche Begründung der Sachentscheidungen, förmliche Zustellung der Entscheidungen mit Beschwerdebelehrung. Man könnte zur leichteren Heraushebung und Vereinfachung der Gesetzesterminologie zugleich in Anlehnung an die Ausdrucksweise und die ursprünglichen Absichten des preuß. Rechts (s. oben S. 8 und Anm. 12) von einem „Beschlußverfahren" sprechen. Hier dürften einzureihen sein

α) die Fälle, in denen nach reichsrechtlicher Bestimmung der Rekurs oder das Verwaltungsstreitverfahren vorgeschrieben ist (§ 22 Abs. 2 des E. eines RVG.)

β) besonders also enumerativ aufgezählte Fälle des Landesrechts.

2) Verwaltungsrechtspflege:

a) Die echten Parteistreitsachen und Feststellungssachen, vorerst noch enumerativ aufgezählt. Sie sind in E. eines RVG. nicht behandelt, abgesehen von den zwischenstaatlichen Fürsorgeverbandsstreitigkeiten nach §§ 25 Ziff. 1 und 84;

b) Die Fälle der Anfechtungsklage, der richterlichen Nachprüfung der innerhalb der Gruppen von Buchst. 1, a) und b) erlassenen Anordn. und Verf. der Verwaltungsbehörden, soweit hierdurch ein Gebot oder Verbot ausgesprochen oder eine rechtlich vorgesehene Erlaubnis erteilt, versagt oder zurückgenommen und hiedurch unter Verstoß gegen reichs- und landesgesetzliche Vorschrift in die Rechte eines einzelnen eingegriffen wird (§ 22, Abs. 1 u. 2 E. über ein RVG.)[64]).

B. Behörden und Gerichtsorganisation.

a) Aktive Verwaltung. Zuständig wären

bei A Ziff. 1 a und b die Behörden der aktiven Verwaltung und zwar

bei α) (also bei reichsrechtlich bestimmten Rekurssachen und Verwaltungsstreitsachen) in Bayern mit gleichzeitiger Einführung der Laien in die unterste Verwaltungsstufe oder beim Regierungssenat durch Zuziehung von zwei Laien aus einer von der Selbstverwaltung (dem Bezirks- oder Kreistage) vorgeschlagenen Liste. Sollte jedoch der E. eines RVG. mit seiner derzeitigen Fassung Gesetz werden, so müßte die mit dieser Maßnahme für die Bayerischen Kreisregierungen verbundene Vereinfachung (Beseitigung der Regierungssenate mit je drei höheren Verwaltungsbeamten) insoweit entfallen, als die Verweisung an das in § 28 des ReichsE. vorgesehenen Landesverwaltungsgericht geboten ist. Es wäre aber überaus bedauerlich und durch nichts gerechtfertigt, würde man auch die übrigen vom Reichsentwurf freigelassenen Fälle wie bisher den mit 3 höheren Verwal-

---

[64]) Nach bayerischem Recht kämen hierzu noch:

c) einige Fälle von Vorentscheidungen gegenüber Beamten (Art. 7 des VGG. in der Fassung des Gesetzes vom 7. März 1924, GVBl. S. 65)

d) einige Fälle von schiedsgerichtlichen Streitigkeiten. Sie haben das Eigentümliche an sich, daß der Verwaltungsrichter hier nach Billigkeit, ex aequo et bono, also nach Billigkeit und in freier Beurteilung der Sach- und Rechtslage zu entscheiden in der Lage ist. Z. B. der Streit über die Vermögensauseinandersetzung bei Änderung im Bestande von Gemeinden, Ortschaften und abgesonderten Markungen der Bezirke, Kreise, Fürsorgeverbände, der Schulverbände, Gemeinden oder besonderen Jugendämter, der Kirchengemeinden oder kirchlichen Friedhofverbände, der Gesamtkirchengemeinden, der Kirchenstiftungen und Stiftungsverbände.

tungsbeamten besetzten Regierungssenaten (§ 21 GewO.) übertragen und so eine Beamteneinsparung bei den Regierungen verhindern. bei β) könnten in Bayern die bisherigen dreigliedrigen Regierungssenate schlechthin entfallen, da weder § 21 GewO.[65]) noch der Reichsentwurf § 28 einschlägig wäre. Hier allerdings wäre es möglich, die Sache etwa so zu machen, daß diese Fälle unter Beibehaltung des bisherigen verwaltungsgerichtlichen Verfahrens (wenn auch systemwidrig) aus Vereinfachungsgründen einem „einmännigen Regierungsverwaltungsgericht" übertragen würden. Aber einmal sind die Regierungen fast durchgehend auf diesem Gebiete zweite Rechtsstufe, für welche in allen Prozeßordnungen ohne Ausnahme eine stärkere Besetzung vorgeschrieben ist, sodann paßt ein „einmänniges" Regierungsverwaltungsgericht absolut nicht in den Aufbau und den Rahmen einer Regierung mit ihrer Büroverfassung hinein.

b) Verwaltungsrechtspflege.

1. Rechtsstufe: Zuständig sollten hier sein, wenn irgend möglich, die staatlichen Verwaltungsbehörden unterster Stufe (in Bayern die Bezirksverwaltungsbehörden). Insbesondere sollte zur Vereinheitlichung des ganzen Rechtssystems, zur Erleichterung der Behörden und Parteien der Unterschied zwischen den Stadt- und Landsachen, der Unterschied der sachlichen Zuständigkeit vom Gesichtspunkt der Staatsaufsicht und Kuratel soweit irgend möglich fallen. Einige besonders wichtige Ausnahmen z. B. auf dem Gebiete des Pfründewesens könnten zugestanden werden, obwohl auch diese Ausnahmen fallen könnten, wenn wie vorgeschlagen die Regierungen durchweg die zweite Rechtsstufe einnehmen würden (s. oben S. 45).

2. Rechtsstufe: Bisher in Bayern entweder Regierungen oder (wenn nämlich die Regierung vom Gesichtspunkt der Stadt- oder Kuratelsache oder aus besonderen Gründen des Einzelfalles heraus erste Rechtsstufe ist) der Verwaltungsgerichtshof. Künftig durchweg die Regierungen im dreigliedrigen Senate und zwar wenn möglich an Stelle der acht Regierungssenate ein (höchstens zwei) Regierungsverwaltungsgericht in Bayern was eine wesentliche finanzielle Ersparnis für den Staat bedeuten würde. Wie alles in der Welt hat auch hier jeder der beiden Wege seine zwei Seiten. Ich möchte aber bei Abwägung von allem Für und Wider doch dem zweiten Weg den Vorzug geben und auf meine Ausführungen S. 45ff. verweisen. Dazu möchte ich ergänzend bemerken: Die Herausziehung aller Verwaltungsrechtssachen (in ihrer engeren begrifflichen Umgrenzung) aus der bisherigen Regierungszuständigkeit würde eine besondere Entlastung der Regierungen bedeuten und ihren Freunden den sicheren Bestand oder ihren Gegnern die Zusammenlegung erleichtern. Gerade daß der Vorschlag zwei entgegengesetzten Richtungen genehm sein könnte, beweist die Richtigkeit des Mittelwegs. Ich erinnere nur allein an den Wegfall der Streitigkeiten über Gemeindeabgaben oder der Wahlstreitigkeiten der unmittelbaren Städte, über Ersatz von Fürsorgeleistungen bei Klagen gegen eine unmittelbare Stadt oder den Landarmenverband an Streitigkeiten auf dem Gebiete des Kirchen- und Schulrechts, Gemeindenutzungsstreitigkeiten mit ihrer oft zeitraubenden Instruktion und ihren oft eingehenden Archivstudien. Die aktive Verwaltung würde durch Wegfallen dieser oft überaus zeitraubenden Instruktionen zügiger und flüssiger werden, sehr zu ihrem eigenen Vorteil. Im Falle der Errichtung eines

[65]) Die Stauanlagen werden künftig aus § 16 GewO. gestrichen werden. Ein bezüglicher Reichsentwurf soll bereits vorliegen und die Zustimmung der Regierungen erhalten haben.

RVG. würde die Eingliederung der Bayerischen Verwaltungsgerichtsorganisation in das neue System hiedurch besonders erleichtert, insbesondere würde der Fehler, der mehr als ein Schönheitsfehler ist, wegfallen, daß über die Anfechtungsklage gegen die polizeiliche Verfügung einer Regierung von dem bei der Regierung eingerichteten Regierungssenat entschieden werden müßte, will man nicht in all diesen Fällen den VGH. unter das RVG. stellen, wobei zu beachten ist, daß die Senatsmitglieder zugleich Beamte der Regierung sind und als solche wiederum den Befehlen und Weisungen des Regierungspräsidenten unterstellt sind, dessen polizeiliche Verfügung angefochten ist. Fiat Justitia. Die echten Verwaltungsgerichte würden zugleich eine Garantie für richtigere und wesentlich schnellere Bearbeitung der bei ihnen anfallenden Streitfälle verbürgen, sehr zum Vorteile der rechtsuchenden Parteien und der Verbesserung der Verwaltungsrechtspflege. Aber auch das oberste Landesverwaltungsgericht würde besser vorbereitete und entschiedene Sachen bekommen; es würde eine wesentliche Erleichterung in seiner Rechtsprechung erfahren. Da es in der Hauptsache Revisionsgericht sein könnte, würde auch eine Mehrung der Zahl der Senate bei Einführung der Anfechtungsklage verhütet, vielleicht sogar eine Minderung derselben ermöglicht werden, sehr zum Vorteile des Staates. Wenn die Verwaltungsrechtspflege-Tätigkeit der Verwaltungsbehörden unmittelbar nach Einführung des Verwaltungsgerichtsgesetzes im Jahre 1879 das Verwaltungsgewissen der aktiven Verwaltung geschärft haben mag, so ist zu betonen, daß die Grundsätze einer gesetzmäßigen Verwaltung jetzt unseren Verwaltungsbeamten in Fleisch und Blut übergegangen sind und daß auch künftig bei Einführung der Anfechtungsklage namentlich auf dem großen Gebiete der poliz. Anordn. und Verf., wo vor allem die Möglichkeit des Eingriffes in die Rechte des Staatsbürgers gegeben ist, die Verwaltungsgerichte (namentlich wenn sie völlig unabhängig gestellt sind) „das lebendige Gewissen der Verwaltung“[66]) sein werden. Die echten Verwaltungsgerichte würden zudem erst den notwendigen Boden abgeben, auf dem der bevorstehende Kampf des öffentlichen Rechts gegen das überwuchernde Privatrecht mit Aussicht auf Erfolg ausgetragen werden könnte. Es würde der dem öffentlichen Recht bisher noch in den unteren Rechtszügen fehlende eigene Rechtsschutz, mit einer allmählich anzubahnenden Generalklausel, ähnlich der des § 13 GVG. gewahrt und damit dem öffentl. Recht sein weiterer Ausbau und seine Verselbständigung gegenüber dem Privatrechte und der ordentlichen Gerichtsbarkeit gefördert werden. Der Staat wirft für den Ausbau der ordentlichen Rechtspflege, für die Bereitstellung der ordentlichen Gerichtsbarkeit zum Schutz des Privatrechtes reiche Mittel aus. Da ist es nicht mehr wie recht und billig, daß das an Bedeutung keinesfalls nachstehende, bisher hinsichtlich der Gerichtsorganisation kläglich und sträflich vernachlässigte öffentliche Recht auch zu seinen gebührenden Rechtsschutzeinrichtungen gelangt. Walter Jellinek sagte treffend auf der Vereinigung der deutschen Staatsrechtslehrer (Veröffentl. 1925, S. 80): „Auch heute kann der Staatsgedanke nur gewinnen, wenn der Staat in den Grenzen eines vernünftigen Ausgleiches zwischen Staatlichkeit und Einzelinteresse dem Bürger Rechte gewährt und Gerichte zu deren Schutz einsetzt. Die Gerechtigkeit ist die Grundlage des Königreichs. Aber auch die Republik wird nur dann bestehen können, wenn sie sich auf Recht und Gerechtigkeit aufbaut“. Und Braunwart in Bl. f. Admin. Praxis, Bd. 48, S. 290: „Hüter des Gesetzes müssen unabhängige Organe, „die Gerichte“, sein und zwar nicht nur wie schon bisher auf dem Gebiete des bürgerlichen Rechtes, sondern auch auf jenem des öffent-

---

[66]) O. Mayer, D. Verw.-Recht, 2. Aufl. I, S. 161.

lichen Rechtes. Der bisherige Zustand ist in letzterer Beziehung unzulänglich und reformbedürftig. Der neue Volksstaat wird es zu seinen wichtigsten Aufgaben rechnen müssen, die Freiheit des einzelnen durch zeitgemäße Neugestaltung der Verwaltungsrechtspflege zu sichern und zu gewährleisten." Soweit bisher in Bayern die Verwaltungsbehörden im verwaltungsgerichtlichen Verfahren entschieden, waren sie zwar theoretisch „sachlich unabhängig"; aber ihre sogenannten Richter waren aktive Verwaltungsbeamte und vielfach sogar in der einzelnen Verwaltungsrechtssache, soweit nach dem bisherigen System Fragen des freien Verwaltungsermessens hereinspielten, den Weisungen ihrer Vorgesetzten unterworfen, ihnen auch treu und voll ergeben. Den Ausdruck „Verwaltungsgericht" auf diese Verwaltungsbehörden in Bayern anzuwenden, wurde bisher von Regierungsseite ängstlich vermieden. Da soll man doch nicht von einem verwaltungsgerichtlichen Rechtsschutz sprechen, wo er streng genommen nicht gegeben ist. „Die Verwaltungsgerichtsbarkeit ist der Sache nach echte Verwaltungsgerichtsbarkeit in Verwaltungssachen, nicht bloß Verwaltungstätigkeit in gerichtlicher Form." Drews, in den Reden anläßlich des 50jährigen Bestandes des Preuß. OVG. 1925, S. 9.

3. Rechtsstufe: Diese (in Bayern der Verwaltungsgerichtshof) könnte dann als Revisionsgericht tätig werden und zwar auf Rechtsbeschwerde, wie sie in § 30 eines E. eines RVG. gefaßt ist. Die Rechtsbeschwerde würde, wenn dieser E. Gesetz wird, ohnedies in all den Fällen zwangsläufig vorgeschrieben, in denen wegen Verletzung von Reichsrecht bei Vorliegen der Voraussetzungen des § 22 des ReichsE. die Rechtsbeschwerde zum RVG. und wegen Verletzung von reinem Landesrecht die gleichzeitige Rechtsbeschwerde (§ 33 ReichsE.) auch zum obersten Landesverwaltungsgericht eingeräumt werden müßte. Dann ist der weitere Schritt, der völlige Ausbau des obersten Landesverwaltungsgerichts (kleineren deutschen Ländern ist diese Möglichkeit wohl nicht gegeben) als Revisionsgericht im Interesse der Einheitlichkeit des Verwaltungsgerichtsverfassungs- und Rechtsmittelsystems leicht und naheliegend, wenn nicht geboten. Die Gründe, die für den Ausbau des RVG. als Revisionsgericht sprechen (Begründung Spalte 22), sind auch hier anzuführen. Das oberste Gericht muß möglichst frei gehalten werden von der Überprüfung des Tatbestandswulstes, damit es sich umso sicherer und leichter der eigentlichen Aufgabe der Rechtsfindung und Sicherung der Rechtseinheit zu widmen vermag. Eine Tatsachenprüfung ist nur insoweit zuzulassen und aufzuerlegen, als dies die rechtliche Nachprüfung der Urteile erfordert, die in den zur Entscheidung stehenden Sachen ergangen sind. Ich habe mich gegenüber Braunwart (Blätter f. admin. Praxis Bd. 71 — 1921 — S. 14, 30) für Einführung der Revision bereits 1923 (Gemeinde- und Verwaltungszeitung 1923 Sp. 626, 682) eingesetzt und darf auf die dortigen näheren Ausführungen Bezug nehmen. Neuestens hat sich mit besonderer Schärfe und Folgerichtigkeit auch Staatsminister Drews, der Präsident des Preuß. OVG. für Umgestaltung des Preuß. OVG. in ein Revisionsgericht eingesetzt. „Nachprüfung tatsächlicher Feststellungen ist eine wesensfremde, ihn von seinem eigentlichen Zweck — Wahrung der Rechtseinheit — ablenkende Aufgabe; das Reichsgericht, der Reichsfinanzhof und die höchsten Gerichtshöfe fast aller Kulturländer sind demgemäß, um ihrem eigentlichen Zweck voll gerecht werden zu können, regelmäßig ausschließlich als Revisionsinstanz, nicht als Berufungsinstanz eingerichtet". (In Zeitschr. f. d. ges. Staatswiss., 78. Jahrg. 1924, S. 602.) Auch in den „Reden zur 50jähr. Feier des preuß. OVG.", S. 15, betrachtet Drews gewissermaßen die Einrichtung von echten unteren Verwaltungsgerichten als Voraussetzung für die Möglichkeit, den höchsten Gerichtshof als Revisionsinstanz einzusetzen, damit er

sich nicht als Berufungsinstanz mit tatsächlichen Feststellungen befassen oder gar bei Klagen 1. Instanz Beweise vielleicht darüber erheben muß, ob ein Hund bissig ist oder nicht. So etwas widerspricht dem Wesen des höchsten Gerichtshofes."[67])

C) Ordentliche und außerordentliche Rechtsmittel und Aufsichtsbeschwerde.

1. Ordentliche Rechtsmittel.

a) Aktive Verwaltung.

aa) Einfache Verwaltungssachen. Gegen (schriftliche) Entschließungen oder Bescheide einer Verwaltungsbehörde ist befristete Verwaltungsbeschwerde zuzulassen:[68]) zur nächst höheren Verwaltungsbehörde, die in zweiter und letzter Stufe entscheidet. Hiegegen, sofern die Voraussetzungen gegeben sind, die Anfechtungsklage zum zuständigen Verwaltungsgericht (Regierungsverwaltungsgericht oder Verwaltungsgerichtshof).

bb) Qualifizierte Verwaltungssachen, sog. Verwaltungsbeschlußsachen (A Ziff. 1, b α und β).
Die Rechtsmittel werden hier die gleichen wie bei aa) sein mit dem Abmaße, daß die Verwaltungsbeschwerde in den „reichsrechtlich" vorgeschriebenen „Rekurssachen" als Rekurs zu behandeln wäre (also zu rechtfertigen ist; §20 GewO.), ferner daß in den Fällen, in denen die §§ 22 Abs. 2, 27, 28 des E. über ein RVG. dazwischentreten, gegen die erststufige Entscheidung sofort die Anfechtungsklage zum Landesverwaltungsgericht (in Bayern Regierungsverwaltungsgericht) u. von hier direkt Rechtsbeschwerde (Revision) zum RVG. hinsichtlich des Reichsrechts und zum obersten LVG. hinsichtlich hereinspielenden reinen Landesrechts (nach § 33 des E. über ein RVG.) einzuführen wäre. Wird der Reichsentwurf nicht Gesetz, so können die Rechtsmittel bei Gruppe aa) und bb) völlig gleich behandelt werden, auch hier vorbehaltlich der Beachtung der §§ 20, 21 GewO.

---

[67]) Würde man sich allerdings in Bayern im Interesse der Vereinfachung des Rechtsmittelzuges und des Aufbaues des Gesetzes dazu verstehen können, was ich bei Kenntnis der hier bestehenden Mentalität allerdings nicht glaube, vom VGH. aus die Rechtsbeschwerde an das RVG. gehen zu lassen, dann genügten in Anfechtungssachen zwei Rechtsstufen: die Anfechtungsklage zum VGH., die Rechtsbeschwerde zum RVG. Anfechtungsklage ist nicht so viel wie Revision. Sie bedeutet in gewissem Rahmen das Recht zu einer weitergehenden Überprüfung der Tatsachen als es bei der Revision möglich ist, andererseits eine Einschränkung dieser Überprüfung gegenüber der „Berufung"; sie steht in ihrer Auswirkung zwischen Berufung und Revision.

[68]) Sie wäre auszuschließen, wenn die Entschließung (Bescheid) im Gesetze als „endgültig" bezeichnet ist, oder soweit die Anfechtungsklage zulässig ist, wenn eine Beschwerdestufe fehlt, wenn die Entschließung im inneren Dienstbetrieb, insbesondere im Dienstaufsichtswege erlassen ist.

b) Verwaltungsrechtspflege.

Gegen das Urteil[69]) der ersten Rechtsstufe wäre Berufung und zwar, wenn dem Vorschlage auf Einführung der zweiten Rechtsstufe bei den Regierungen oder besser noch der Einrichtung eines oder zweier echter Regierungsverwaltungsgerichte zugestimmt würde, einheitlich zum Regierungsverwaltungsgericht und von da Rechtsbeschwerde (Revision) zum Verwaltungsgerichtshof zu gewähren. Für kleinere Länder kämen nur zwei Rechtsstufen in Betracht; die Revisionsstufe müßte ausfallen oder an das Reichsverwaltungsgericht übergehen.

Bei den zwischenstaatlichen Fürsorgeverbandsstreitigkeiten ginge die Berufung (!) unmittelbar zum RVG.; bei innerstaatlichen Fürsorgeverbandsstreitigkeiten wäre eventuell der § 32, Abs. 2 mit dem seiner Fassung nach zu verbessernden § 84 des E. eines RVG. zu beachten.

2. Außerordentliche Rechtsmittel.

Hier kämen überall die Nachsicht (Wiedereinsetzung in den vorigen Stand, in der Rechtswissenschaft und in den Gesetzen mehr als „Rechtsbehelf" bewertet) und das Wiederaufnahmeverfahren in Betracht.

3. Aufsichtsbeschwerde.

Hier darf auf I. S. 30 verwiesen werden.

Anhang.

Hier sollen an Hand des Bayerischen Rechtes nur Beispiele aufgezeigt werden, welche Sachen etwa unter die Beschlußsachen einzureihen, welche als Feststellungs- oder echte Parteistreitigkeiten anzusehen wären.

I. Beschlußsachen auf Grund reichsrechtlicher Vorschrift:[70])

1. Die Genehmigung zur Errichtung oder Veränderung gewerblicher Anlagen nach §§ 16 bis 23, 25 GewO. mit Einschluß des Verfahrens für Fristung solcher Anlagen nach § 49 Abs. 5 GewO.;
2. Die Genehmigung zur Anlage oder Änderung von Dampfkesseln nach §§ 24, 25 GewO. mit Einschluß des Verfahrens für Fristung nach § 49 GewO.;
3. Die Zurücknahme von Approbationen nach §§ 29, 53 Abs. 1, 54 Abs. 1 GewO.;
4. Die Versagung der Erlaubnis für Privatkrankenanstalten, Privatentbindungsanstalten und Privatirrenanstalten nach § 30 Abs. 1 GewO.; und zum Gewerbebetriebe der Schauspielunternehmer nach § 32 GewO.; mit Einschluß des Verfahrens für Fristung nach §§ 40 Abs. 2, 49 GewO.;
5. Die Fälle des Gaststättengesetzes vom 28. April 1930 (RGBl. I, S. 146), nämlich die Erteilung der Erlaubnis zum Betrieb der Gastwirtschaften,

Wo eine Entschließung im Gesetze als „endgültig" bezeichnet ist, wäre auch die Anfechtungsklage ausgeschlossen. (So auch Begründung zum ReichsE., S. 19 r. Sp.) Wo aber die Anfechtungsklage noch zulässig ist, kann, wenn das System der Anfechtungssachen richtig aufgebaut ist, nicht nebenher noch eine Verwaltungsbeschwerde als sogenannte „Doppelbeschwerde" zugelassen werden; s. die Ausführungen über Doppelbeschwerde, S. 30f.

[69]) Die Entscheidungen der als Verwaltungsgerichte tätigen Verwaltungsbehörden wie aller höheren Verwaltungsgerichte sollten zur besseren Unterscheidung von den Verwaltungsakten der aktiven Verwaltung grundsätzlich als „Urteile" bezeichnet werden; das wäre bei der vorgeschlagenen strengen Ausscheidung folgerichtiger und deutlicher.

[70]) Hier ist ein Versuch der vollständigen Katalogisierung der unter § 22 Abs. 2 des ReichsE. fallenden Sachen unternommen. Die unterstrichenen Angelegenheiten der Ziff. 1 bis 21 sowie die Ziffern 24 bis 3 sind Fälle der Rechtsbeschwerde zum RVG.

Schankwirtschaften oder des Kleinhandels mit Branntwein (§ 1), die Fristung (§ 4), die Versagung der Stellvertretererlaubnis (§ 6), die Anordnung von Auflagen (§ 11), die Zurücknahme der Erlaubnis (§ 12), die Untersagung des Kleinhandels mit Bier oder Wein oder des Ausschankes von Milch (§§ 13, 19), die Untersagung der Beschäftigung einer Person (§ 17 Abs. 1, Satz 1), die Untersagung des Betriebes der Speisewirtschaft (§§ 25, 13);

6. Die Versagung der besonderen Genehmigung zum Handel mit Gift nach §§ 34, Abs. 3 und 40, Abs. 2 GewO.;
7. Die Versagung und Zurücknahme der Erlaubnis für das Bewachungsgewerbe nach §§ 34a, 40, 47 Abs. 1, 49, 53 Abs. 2 und 3, 54 Abs. 1 GewO. in der Fassung des Reichsgesetzes vom 7. Febr. 1927 (RGBl. I, S. 57);
8. Die Zurücknahme der nach §§ 30 Abs. 1, 32, 33a, 34 GewO. erteilten Erlaubnis oder Genehmigung gemäß §§ 53 Abs. 2 und 3 und 54, Abs. 1 GewO.;
9. Die Einziehung von Bestallungen und Prüfungszeugnissen nach §§ 30 Abs. 3, 30a, 36, 53 Abs. 2, 54 Abs. 1 GewO.;
10. Die Untersagung der in §§ 35, 35a, 37, 53a bezeichneten Betriebe nach §§ 40 Abs. 2, 54 Abs. 1 und 2 GewO.;
11. Die Versagung der Erlaubnis zur gewerbsmäßigen öffentlichen Verbreitung von Druckschriften, anderen Schriften oder Bildwerken nach § 43 GewO. durch die Ortspolizeibehörde;
12. Die Versagung oder Zurücknahme der Gewerbelegitimationskarte nach §§ 44, 44a, 63 Abs. 1 GewO.;
13. Die Versagung oder Zurücknahme des Wandergewerbescheines sowie die Zurücknahme seiner Ausdehnung nach §§ 55, 58, 60, 63 Abs. 1 GewO. sowie die Versagung oder Zurücknahme der Erlaubnis nach § 42b Abs. 2, 3, § 63 Abs. 1 GewO. (Stadthausierschein);
14. Die Versagung der Genehmigung des Druckschriftenverzeichnisses nach §§ 56 Abs. 4, 63 Abs. 1 GewO.;
15. Die Untersagung der ferneren Benützung gewerblicher Anlagen nach §§ 51, 52 GewO. (und der gewerblichen Anlagen nach Art. 56 des WassGes.);
16. Die Untersagung des Gewerbebetriebes nach § 42b Abs. 3, §§ 59a, 63 Abs. 1 GewO.;
17. Die Zurücknahme der Ausdehnung des Wandergewerbescheines nach §§ 60 Abs. 3, 63 Abs. 1, 58 GewO.;
18. Die Versagung oder Zurücknahme der Erlaubnis zur Mitführung eines Begleiters nach §§ 62 Abs. 2, 63 Abs. 1 GewO.;
19. Die Versagung der Genehmigung von Innungsstatuten und deren Änderung nach § 84 GewO.;
20. Die Schließung von Innungen und Innungsausschüssen nach §§ 97, 102 GewO.;
21. Der Einspruch gegen Eintragung in die Handwerksrolle nach §§ 104b, 104q GewO. in der Fassung vom 11. Februar 1929 RGBl. I S. 21;
22. Die Zulassung von Ausnahmen vom Verbote der Sonntagsarbeit in Betrieben, die ausschließlich oder vorwiegend mit durch Wind oder unregelmäßige Wasserkraft bewegten Triebwerken arbeiten, nach § 105e Abs. 3 GewO.;
23. Die Befugnis zum Halten oder zur Anleitung von Lehrlingen nach §§ 126a Abs. 3, 128 Abs. 1, 139 Abs. 1, 139aa GewO.;
24. Die Art der Durchführung und der Umfang der Enteignung auf dem Gebiete der Reichseisenbahnen und Reichswasserstraßen nach Art. 94

Abs. 2, 97 Abs. 5 der Reichsverf. und § 38 Abs. 2 des Reichsbahngesetzes vom 13. März 1930 (RGBl. II S. 369);

25. Die Auflösung von Vereinen und Versammlungen und das Verbot einer periodischen Druckschrift auf Grund der §§ 2, 15 des Reichsvereinsgesetzes vom 19. April 1908 (RGBl. S. 151) und der §§ 8, 9 und 13 des Republikschutzgesetzes vom 25. März 1930 (RGBl. I S. 91);
26. Die Entziehung der Rechtsfähigkeit eines Vereines nach §§ 44 Abs. 1 und 43 des BGB. und Art. 4 des AG. z. BGB.;
27. Der Einspruch gegen Eintragung eines Vereines oder gegen die Satzungsänderung nach §§ 61 Abs. 2, 61 Abs. 2, 71 Abs. 2 des BGB. und Art. 4 des AG. z. BGB.;
28. Die Auflösung einer Genossenschaft nach § 81 des Reichsgesetzes vom 1. Mai 1889 über Erwerbs- und Wirtschaftsgenossenschaften in der Fassung vom 20. Mai 1898 (RGBl. S. 810);
29. Die Auflösung einer Gesellschaft nach § 62 des Reichsgesetzes vom 20. April 1892, die Gesellschaften mit beschränkter Haftung betreffend, in der Fassung vom 20. Mai 1898 (RGBl. S. 846);
30. Die Versagung[71]) oder Zurücknahme der Erlaubnis zum Gewerbebetrieb eines Stellenvermittlers oder Untersagung dieses Gewerbes nach § 10 des Stellenvermittlungsgesetzes vom 2. Juni 1910 (RGBl. S. 860);
31. Die Entscheidungen der Verwaltungsbehörden auf Grund der §§ 2, 4 bis 7, 9, 11 Abs. 1 bis 3, § 18 des Luftverkehrsgesetzes vom 1. August 1922 RGBl. I S. 681;
32. Die Streitigkeiten nach den §§ 73 Abs. 1, 84 Abs. 1 des Reichsgesetzes über die privaten Versicherungsunternehmungen vom 12. Mai 1901 (RGBl. S. 139); und dem Bayer. AG. vom 20. Dezember 1901 (GVBl. S. 733);
33. (Das Depot und Depositengesetz).[72])

II. Die bei Ziff. 25, 27, 30, 31 u. 32 einschlägigen Reichsgesetze sehen erst gegen vorausgegangene Verwaltungsverfügungen das Verwaltungsstreitverfahren vor. Zweifelhaft ist die Zulässigkeit der Einreihung der Ziff. 26, 28, 29 und 33, da hier die einschlägigen Reichsgesetze von vornherein das Verwaltungsstreitverfahren vorschreiben, was nach unserer Auffassung systemwidrig ist. Ich würde mich freuen, hier eines Besseren belehrt zu werden. Auch Ziff. 24 dürfte in I. aufgenommen werden können, da § 38 Abs. 2 des Reichsbahngesetzes auch so ausgelegt werden kann, daß nur die „endgültige" Entscheidung über Art der Durchführung und den Umfang der Enteignung entweder im Verwaltungsstreitverfahren oder durch den Reichsverkehrsminister zu erfolgen hat.

III. Die sich anschließenden Rechtsmittelvorschriften dürften etwa zu lauten haben:

1. In den Fällen von I. Ziffer 3, 5, 7 bis 10, 12, 13, 15 bis 18, 20, 21, 24 bis 33 ist, soweit es sich nicht um die Erteilung oder Versagung gewerblicher

---

[71]) Fällt bald weg, da ab 1. Jan. 1931 die gewerbsmäßige Stellenvermittlung verboten ist (§ 55 des Arbeitsvermittlungsges. in d. F. vom 12. Okt. 1929, RGBl. 162).

[72]) Einen besonderen Ausnahmefall zeigte das Depot und Depositengesetz vom 26. Juni 1925 (RGBl. I S. 89) mit MB. vom 12. Sept. 1925 (StAnz. 1925 Nr. 212). Das Gesetz, zunächst vorübergehender Natur, wurde wiederholt verlängert, zuletzt bis 31. Dez. 1929 (RG. vom 24. Dez. 1927, RGBl. S. 512) also zur Zeit außer Kraft. Hier schrieb der Reichsgesetzgeber nicht wahlweise entweder das Verwaltungsstreitverfahren oder die Anwendung der §§ 20, 21 GewO. vor, sondern schrieb der Landesgesetzgebung schlechthin das Verwaltungsstreitverfahren vor. Änderung steht bevor.

Erlaubnisse handelt, gegen den Bescheid der ersten Verwaltungsstufe[73]) Anfechtungsklage[74]) zum Regierungsverwaltungsgericht und gegen dessen Entscheidung unter den Voraussetzungen der §§ 22, 27, 29ff. des ReichsE.[75]) Rechtsbeschwerde[76]) zum RVG. und zum VGH. zulässig und zwar

a) zum RVG., wenn in der Rechtsbeschwerde ein Verstoß gegen Reichsrecht einschließlich des Landesvollzugsrechts,

b) zum VGH., wenn ein Verstoß gegen reines Landesrecht behauptet wird.

2. In den übrigen[77]) Fällen von I. ist Verwaltungsbeschwerde[78]) zur Regierung, Kammer des Innern, zulässig, die im Beschlußsenate[78] (endgültig[78]) entscheidet.

IV. Würde der Reichsentwurf nicht Gesetz werden, so würde bei allen Ziffern der obigen Gruppe I. (Beschlußsachen auf Grund Reichsrechts), also bei den Ziffern 1 bis 33 gegen den erststufigen Bescheid einheitlich die Verwaltungsbeschwerde (in den Fällen des § 20 GewO. mit „Begründung") zur Regierung zulässig sein. Auch hier entweder der erststufige Bescheid mit zwei Laienbeisitzern oder der zweitstufige Bescheid in dreigliedrigem Beschlußsenate mit einem juristischen Vorsitzer und zwei Laienbeisitzern als Verwaltungsbehörde, von da in den wichtigeren, nicht als „endgültig" bezeichneten Fällen Anfechtungsklage zum VGH., also eine ziemlich einfache, klare Regelung. Ebenso einfach würde sich das Rechtsmittelverfahren gestalten lassen, wenn die in § 22 Abs. 2 des ReichsE. noch vorgesehene Differenzierung gegenüber Abs. 1 fallen würde (S. 58).

V. Als **Beschlußsachen nach den Bedürfnissen des Bayerischen Landesrechts** könnten vor allem die Fälle bezeichnet werden, die bisher nach Bayerischem Recht systemwidrig durch die Verwaltungsbehörde im „sogenannten" verwaltungsgerichtlichen Verfahren erledigt werden mußten, obwohl hier der einzelne dem Staat als Hoheitsträger gegenübersteht. So z. B.

a) die Ablehnung des Antrages auf Aufnahme, Einbürgerung oder Entlassung aus der Reichs- und Staatsangehörigkeit nach § 40 des Reichs- und Staatsangehörigkeitsgesetzes vom 22. Juli 1913 (RGBl. S. 583);

b) die Entscheidungen in den Fällen des Wassergesetzes und zwar nach Art. 7 Abs. III, Satz 3, Art. 19, 25, 40, 45, 47, 50 Ziff. 1 und 2, Art. 51, 52, 53, 56, 57, 59 bis 61, 63, 70, 79 Abs. III, 84, 88, 89, 94 Abs. I Satz 2, Abs. II Satz 1, Art. 98 Abs. III, 100, 107, 112 Abs. III, 136 bis 139, 142, 145 bis 148, 150, 157 bis 164 und Art. 189 Abs. II WassG., endlich die Feststellung der Entschädigung im Entschädigungsverfahren nach Art. 195 WassG.;

c) Entscheidungen in den Fällen des Fischereigesetzes vom 15. August 1908 (GVBl. S. 52) und zwar nach Art. 5 Abs. II, 17 Abs. I und II, 21, 22, 37 bis 57, 61, 63, 66 ,75 Abs. I und II, 76 und 79;

---

[73]) Innerhalb einer Rechtsmittelfrist von 14 Tagen und mit der Pflicht der Rechtfertigung bei Ziff. 3—23.

[74]) Fassung nach § 75 des ReichsE.

[75]) Innerhalb einer Rechtsmittelfrist von einem Monate, § 34 des ReichsE.

[76]) § 30 des ReichsE.

[77]) also auch soweit es sich um die Erteilung oder Versagung gewerberechtlicher Erlaubnisse handelt.

[78]) Also nach unseren Vorschlägen eine dreigliedrige Verwaltungsbehörde, mit einem juristischen Vorsitzenden und zwei Laienbeisitzern, wenn diese bei den Regierungen eingeführt werden wollten; dagegen einmännig, wenn die 2 Laienbeisitzer bei den Bezirksverwaltungsbehörden (richtig Bezirksämtern) beigegeben werden (§ 21 GewO.). Die Rechtsbeschwerde wäre in diesen Fällen („endgültig") ausgeschlossen, also weder Anrufung des VGH. noch des RVG. möglich (§ 32 Abs. 1 des ReichsE.), vorbehaltlich einer dem Art. 9 a, Abs. III, des bay. Ges. vom 24. März 1924 nachgebildeten Vorschrift (s. § 32 Abs. 2 ReichsE.).

d) die Verweigerung oder die Entziehung der Jagdkarte nach Art. 15 bis 20 des Ges. vom 30. März 1850, die Ausübung der Jagd betreffend (GVBl. S. 118);

e) Entscheidungen nach dem Ödlandgesetze vom 6. März 1923 (GVBl. S. 89) und zwar nach Art. 8 bis 12, 27, 28, 31, 41 bis 54, 74, 76, 78, 81 und das Entschädigungsverfahren nach Art. 84 des Ödlandgesetzes;

f) Entscheidungen nach dem Flurbereinigungsgesetz vom 5. August 1922 (GVBl. S. 433) und zwar nach Art. 8, 9 Abs. I und II, Art. 12, 17 Abs. I 43, 44 Abs. V, 54, 57 Abs. I, 73.[79])

VI. Bei den landesrechtlich vorgeschriebenen Beschlußsachen (obige Ziff. V) würde die Rechtsbeschwerde zum RVG. nicht zulässig sein (§ 22 Abs. 1 und 2 des ReichsE.; s. jedoch Abs. 3); es könnte also der Rechtsmittelgang genau so wie unter Ziff. IV gestaltet werden, abgesehen von den Laien, deren Zuziehung im Interesse der Vereinfachung des Verfahrens hier durchweg entfallen könnte, vorbehaltlich der jetzt schon bestehenden vereinzelten Ausnahmen.

VII. Als **Feststellungssachen**[80]) könnten z. B. in Betracht gezogen werden:

1. Die öffentliche Eigenschaft eines Gewässers nach Art. 1 bis 15 des WassGes. vom 23. März 1907 (GVBl. S. 157);
2. die geschlossene Eigenschaft eines Gewässers nach Art. 2 des FischG. vom 15. August 1908 (GVBl. S. 527);
3. der Besitz (und Verlust) der Reichs- und Staatsangehörigkeit nach § 40 des Reichs- und Staatsangehörigkeitsgesetzes vom 22. Juli 1913 (RGBl. S. 583);
4. Zugehörigkeit von Grundstücken zu einer Gemeindemarkung, Ortsflur oder abgesonderten Markung nach Art. 3, 4, 62 Abs. I, IV der GemO.
5. die öffentliche Eigenschaft von Plätzen und Wegen mit Zubehörungen und Abzugsgräben;
6. die Zugehörigkeit zu einem Schulverbande.

VIII. Als **echte Parteistreitigkeiten** kämen in Frage

1. an einzelnen Fällen z. B.
   a) die Beitragspflicht zu den Ausgaben einer Genossenschaft nach Art. 124 bis 126 WassGes.;
   b) die Beitragspflicht zu den Ausgaben einer Genossenschaft nach Art. 26, 29, 30 des ÖdlandGes. vom 6. März 1923 (GVBl. S. 89);
   c) Streitigkeiten nach Art. 43, 67 Abs. IV, 68 des FlurberGes. vom 5. Aug. 1922 (GVBl. S. 433);
   d) die Ortsverweisung aus fürsorgerechtlichen Gründen (Abweisung und Wegweisung nach §§ 1, 4, 5 des Freizügigkeitsgesetzes vom 1. November 1867 (BayGBl. 1870/71 Beil. S. 31) und Art. 9 des Aufenthaltsgesetzes vom 21. März 1914 (GVB. 1915, S. 590);
   e) die Ausübung und Ablösung von Weiderechten auf fremdem Grund und Boden nach Art. 47 des Weideges. vom 28. Mai 1852 (GVBl. 1851/52, S. 601);

---

[79]) Die erforderliche Abänderung der einschlägigen Sondergesetze würde auf keine besonderen Schwierigkeiten stoßen. Es genügte, um bei obigen Beispielen zu bleiben, nur die entsprechende Abänderung des Art. 177, 189 und 195 des WassG., Art. 96, 98 des FischG., Art. 21 des JagdG., Art. 74 des FlurberG.

[80]) Bei Zuziehung von Laien in den Fällen der Ziff. VII u. VIII dürfte einem ein Zitat aus Scheffel in den Mund kommen: „Auf dem Dach sitzt ein Greis, der sich nicht zu helfen weiß".

f) die Ausübung der Jagd, soweit das Jagdrecht des Grundeigentümers in Frage steht, nach dem Gesetze vom 30. März 1850, die Ausübung der Jagd betreffend (GVBl. S. 118);
g) der Vollzug des Art. 8 und 9 des Jagdgesetzes;
h) die Fälle des Einspruchverfahrens nach dem Gebäude-Brandversicherungsgesetze vom 3. April 1875 (GVBl. S. 269) und dem BaunotversGes. vom 8. April 1920 (GVBl. S. 99);
i) die Umlagen zur Bauernkammer nach Art. 34 Abs. II des Bauernkammergesetzes vom 20. März 1920 (GVBl. S. 67);
k) die Streitigkeiten nach § 21 Abs. II Satz 1 und § 22 des Reichsgesetzes über die Unfallfürsorge für Gefangene vom 30. Juni 1900 (RGBl. S. 536);
l) die Ersatzansprüche nach §§ 80 bis 88 des AngestelltenversGes. vom 28. Mai 1924 (RGBl. 1 S. 563) in der Fassung des Gesetzes vom 28. Juli 1925 (RGBl. I, S. 157);
m) Streitigkeiten über die Voraussetzungen des Anspruchs auf Entschädigung nach dem Reichsviehseuchengesetze vom 26. Juni 1909 (RGBl. S. 519) und Art. 5 des AG. vom 13. August 1910 (GVBl. S. 615);
n) die Ersatzansprüche nach dem Reichsgesetze über die Bekämpfung der Reblaus vom 6. Juni 1904 (RGBl. S. 261) und dem Bayer. AG. vom 20. Mai 1906 (GVBl. S. 193).

2. Die Streitigkeiten aus der Gruppe der Gemeinde-, Bezirks- und Kreisangelegenheiten z. B.
   a) die Verbindlichkeit zur Teilnahme an Gemeindelasten und Rückvergütungen, insbesondere
      aa) zu Orts-, Gemeinde- und Kreisumlagen nach Art. 9 bis 32 des VollzGes. zum FinAusglGes. vom 29. Juli 1927 (GVBl. S. 283);
      bb) zur Entrichtung von örtlichen Verbrauchssteuern und örtlichen Abgaben wie der Hundeabgaben, der Zuwachssteuer, Grundwertabgabe, Warenhaussteuer, Steuer von Filialgeschäften, Vergnügungssteuer, Verwaltungskostenabgabe nach Art. 43 GO. Art. 29 BezO. und nach Art. 2 bis 7 des VollzGes. zum FinAusglGes.;
      cc) zur Entrichtung von Pflaster-, Wege- und Brückenzöllen der Gemeinden und Bezirke nach Art. 43 GO., Art. 29 BezO.;
      dd) die Vorausleistungen nach Art. 29, Abs. II BezO.;
      ee) die erhöhten Leistungen nach Art. 29 Abs. IV BezO.
   b) Das Recht oder die Verbindlichkeit zur Benützung von Anstalten und Einrichtungen der Gemeinden (Art. 44 Abs. V, VI GO.), der Gemeindeverbände (Art. 29 Abs. VII BezO., Art. 32 Abs. III KrO.), der gemeindlichen Zweckverbände (Art. 138 Abs. II GO., Art. 45 Ziff. 2 BezO., Art. 42 Ziff. 2 KrO.);
   c) die Ansprüche auf Rückvergütung solcher Leistungen;
   d) die Beteiligung land- und forstwirtschaftlicher Grundstückseigentümer an den Kosten für Feld- und Waldschutz nach Art. 51 Abs. VI Satz 2 und 3, Abs. VII Satz 2 und Abs. VIII GO.;
   e) die Herstellung und Unterhaltung der nicht zu den Staatsstraßen gehörigen öffentlichen Plätze, Wege, Brücken, Fähren, Stege und Abzugsgräben nach Art. 28 GO.;
   usw.
3. Aus dem Gebiete der Fürsorge und der Jugendfürsorge, insbesondere
   a) der Streit zwischen Fürsorgeverbänden über Durchführung der öffent-

lichen Fürsorge nach § 29 der Reichsverordnung über die Fürsorgepflicht vom 13. Febr. 1924 (RGBl. I S. 100) und Art. 31 des bay. FürsGes. vom 14. März 1930 (GVBl. S. 38);

b) die Anordnung des Verbleibens einer auszuweisenden Person nach § 29 RFV. und § 56 des UWG. vom 30. Mai 1908;

c) der Streit über Transport im Übernahmeverfahren nach § 29 RFV. und § 58 Abs. 2 UWG.;

d) die Kosten der Fürsorgeerziehung nach Art. 38, 39 des Jugendamtsges. vom 20. Juli 1925 (GVBl. S. 211);

usw.

4. Aus der Gruppe der Kirchen- und Schulangelegenheiten z. B.

a) die Teilnahme an religionsgesellschaftlichen oder religionsgemeindlichen Umlagen nach dem religionsgesellschaftlichen Steuergesetze vom 1. Aug. 1923 (GVBl. S. 351) und vom 27. Juni 1927 (GVBl. S. 223) und deren Rückvergütung.

b) Streitigkeiten zwischen Gemeinden über die Verteilung und Aufbringung des Schulbedarfes in Sprengelschulen, die aus mehreren Gemeinden oder Teilen von solchen bestehen.

IX. **Wegen des Rechtsmittelzuges bei Ziff. VII. und VIII. wird auf die** Vorschläge S. 65, b verwiesen.

Annalen des Deutschen Reichs

für Gesetzgebung, Verwaltung und Volkswirtschaft.

Staatswissenschaftliche Zeitschrift u. Materialiensammlung

Begründet von

Dr. Georg Hirth und **Dr. Max von Seydel**

In Verbindung mit Münchner Volkswirtschaftslehrern

herausgegeben von **Dr. Anton Dyroff.**

Gegründet 1867. Jährlich erscheint ein Band im Umfang von ca. 30 Bogen.

Staudinger,

der Kommentar der Praxis

Von der 9. Aufl. von Staudingers Kommentar z. BGB. liegen vor:

Bd. I: **Einleitung. Allgemeiner Teil.** (Lfg. 2 u. 4 d. Gesamtwerkes). Erläut. v. Dr. E. Riezler. Lex. 8°. XXVI, 895 Seiten. In Liefer. RM. 35.—, in Halbleder geb. RM. 41.—.

Bd. II: **Recht der Schuldverhältnisse.** Teil 1, §§ 241 bis 432 (Lfg. 14, 20, 26 d. Gesamtwerkes). Erläut. v. Dr. A. Werner. Lex. 8°. X, 1022 S. In Liefer. RM. 43.—, in Halbl. geb. RM. 50.—.

Bd. II Teil 2: §§ 433—630 (Lfg. 15, 18, 21 des Gesamtwerkes). Erläut. von Dr. K. Kober und Dr. H. Nipperdey. Lex. 8°. IX, 923 S. In Liefer. RM. 36.—, in Halbl. geb. RM. 42.—.

Bd. II Teil 3: §§ 631—853 (Lfg. 22, 23, 25 d. Gesamtw.). Erl. v. Dr. K. Kober, Dr. Th. Engelmann † u. Dr. K. Geiler. Lex. 8°. VIII, 1080 S. In Lfg. RM. 45.—, in Halbl. geb. RM. 51.—

Bd. III: **Sachenrecht.** (Lfg. 1, 3, 5—7 des Gesamtwerkes). Erläutert von Dr. K. Kober. Lex. 8°. VIII, 1580 S., 2 Teile. In Lieferungen RM. 61.—, in Halbleder geb. RM. 73.50.

Bd. IV: **Familienrecht.** (Lfg. 8, 9, 11, 12 d. Gesamtw.). Erl. v. Dr. Th. Engelmann, herausgeg. v. F. Keidel. Lex. 8°. VIII, 1755 S., 2 Teile. In Lfg. RM. 66.—, in Halbl. geb. RM. 78.—.

Bd. V: **Erbrecht.** (Lfg. 10, 13, 16, 17 des Gesamtwerkes). Erläutert von Dr. R. Herzfelder. Lex. 8°. IX, 1154 S. In Lieferungen RM. 45.—, in Halbleder geb. RM. 52.—

Bd. VI: **Einführungsgesetz.** Teil 1. Lfg. 1, 2: Art. 1—6, 32—218 (Lfg. 19 u. 24 des Gesamtw.). Erl. v. Fr. Keidel. VIII, 620 S. In Lieferg. RM. 26.50, in Halbleder geb. RM. 32.50.

Das ganze Werk wird in Lieferungen auf etwa RM. 430.—, geb. etwa RM. 470.— zu stehen kommen. Das Erscheinen in Stücken und längeren Zwischenräumen erleichtert die Anschaffung.

Kein Gericht, keine Anwalts- und Notariatskanzlei kann auf die Dauer ohne Staudinger arbeiten.

J. Schweitzer Verlag (Arthur Sellier) München, Berlin und Leipzig.